Diccionario de Nombres para el bebé

bienestar

Diccionario de nombres para el bebé
es editado por
EDICIONES LEA S.A.
Charcas 5066 C1425BOD
Ciudad de Buenos Aires, Argentina.
E-mail: info@edicioneslea.com
Web: www.edicioneslea.com

ISBN 978-987-634-134-9

Queda hecho el depósito que establece la Ley 11.723.

Primera edición, 3500 ejemplares.
Impreso en Argentina.
Esta edición se terminó de imprimir en
Julio de 2009 en Printing Books.

Diccionario de nombres para el bebé / compilado por Eduardo Casalins. - 1a ed. -
Buenos Aires : Ediciones Lea, 2009.
80 p. ; 22x14 cm. - (Ediciones bienestar; 5)

ISBN 978-987-634-134-9

1. Nombres Personales. I. Casalins, Eduardo, comp. II. Título
CDD 929.4

La elección del nombre del bebé

Es importante tener en cuenta ciertas premisas para la elección del nombre del bebé. La intención de este diccionario es ayudar a los padres a evitar errores que podrían perjudicar al niño el día de mañana. Así, sugerimos tener en cuenta que:

1. Van a elegir un nombre que será el de su hijo durante toda la vida, con él será identificado de manera

permanente. Imaginen por un momento que ustedes son el pequeño y traten de experimentar cómo se sentirían si ese fuera su nombre. Es la mejor manera de evitar elegir un nombre que sea difícil de pronunciar o que pueda condenarlo a ser objeto de burla de los demás.

2. Es muy importante que el nombre jamás genere dudas sobre el sexo de quien lo posee. No hace falta señalar los traumas y las confusiones que esto podría acarrear.

3. Los nombres "de moda" que a veces imponen los medios de comunicación, deben ser pensados en perspectiva de futuro o directamente evitados. Esos nombres, dentro de unos años, estarán "pasados de moda" –toda moda es efímera– y si no tienen valor por sí mismos habrán sido un gran error porque sonarán ridículos.

4. La grafía de un nombre –la forma de escribirlo– merece cierta atención. ¿Para qué ponerle Martha o Desirée si es muy probable que escriban Marta o Desiré, y siempre será necesario explicar cómo se escribe correctamente?

5. Hay nombres que se pueden prestar a ser deformados o asociados de forma desagradable, sobre todo en los años escolares, ya que los niños en esa etapa suelen ser naturalmente crueles sin medir las consecuencias. Esta situación puede generar traumas psicológicos en la infancia. Seguramente los padres recordarán a algún compañero de escuela que sufrió por esta causa, por lo deben tenerlo presente.

6. Hay muchos nombres que tienen diminutivos o sobrenombres y es muy probable de que los llamen por ellos, antes de utilizar el nombre real o completo. Es necesario tenerlo en cuenta, ya que algunos de estos "reemplazos" del nombre le pueden molestar al niño o a los padres.

7. Presten atención al "cómo suena" el nombre elegido cuando se lo nombra junto al apellido. Hay nombres

que seguidos de ciertos apellidos, pueden sonar mal o directamente ridículos, por sonido o por significado.

8. No es significativo, pero vale la pena tener presente que si el apellido es largo, los nombres cortos combinan mejor. En cambio si el apellido es corto, suenan mejor los nombres largos.

9. La tradición y costumbre de poner un segundo nombre va desapareciendo progresivamente. Si deciden ponerle un segundo nombre, verifiquen cómo suena con el primer nombre y con el apellido, y utilicen también todas las premisas que aquí les ofrecemos para su correcta elección.

Nombres masculinos

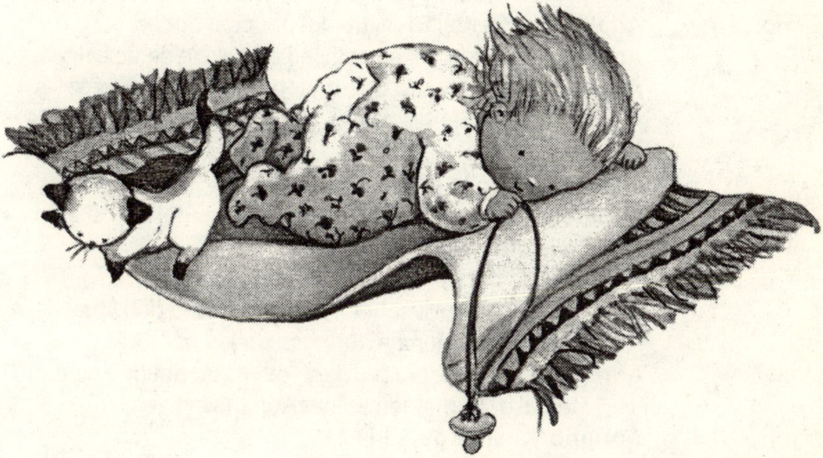

Aarón (Egipcio). El iluminado, el montañés.
Abdallah (Árabe). Aquel que sirve a Dios.
Abdías (Hebreo). El siervo de Dios.
Abdo. Variante de Abdón.
Abdón (Hebreo). Que es muy servicial.
Abdul (Árabe). El hijo de Dios.
Abel (Asirio). El hijo.
Abelardo (Francés). El que se parece a la abeja.
Abercio (Griego). El primer hijo.
Abner (Hebreo). El padre de la luz.
Abraham (Hebreo). El padre sublime.
Abril (Latino). Segundo mes del calendario romano. Forma femenina: Abril.
Absalón o Absolón (Hebreo). El padre de la paz.
Acacio (Griego). El que es hombre honrado.
Acañir (Mapuche). Zorro libre.

Acursio (Latino). El que se encamina hacia Dios.

Adalberto (Germano). Que desciende de una noble estirpe.

Adalgiso (Germano). La lanza de la nobleza. Forma femenina: Adalgisa.

Adam. Variante de Adán.

Adán (Hebreo). El que está hecho con tierra roja. El primer hombre.

Adelfo (Griego). El amigo fraterno.

Adelino Variante de Adelardo. Forma femenina: Adelina.

Adelio (Germano). El padre del príncipe audaz.

Adelmar (Germano). Famoso por la nobleza de su estirpe.

Adelmo (Germano). El que protege a los indefensos.

Adelqui. Castellanización de *Adelchi*, forma italiana de *Adalgiso*.

Ademar. Variante de Adhemar.

Adhemar (Germano). Aquel que es ilustre por sus luchas.

Adiel (Hebreo). Vestido por Dios.

Adolfo (Germano). El guerrero noble.

Adonaí (Hebreo). Mi señor. Nombre hebreo de Dios.

Adonis (Griego). El más hermoso de los hombres.

Adrián (Latino). El que proviene de Adria, antigua ciudad de Italia. Forma femenina: Adriana.

Adriano Variante de Adrián.

Adriel (Hebreo). Que pertenece a la grey de Dios.

Agamenón (Griego). El hombre de voluntad firme.

Agapito (Griego). El amado.

Agaton (Griego). Bueno.

Agnelo (Latino). Referente al cordero de Dios.

Agenor (Griego). El hombre varonil.

Agustín. Diminutivo de Augusto. Forma femenina: Agustina.

Aitor (Vasco). Padre noble. Patriarca de los antiguos vascos.

Aladino (Árabe). El de máxima sabiduría.

Alan (Celta). Armonía.

Alarico (Germano). Poderoso y noble.

Albano (Germano). Resplandeciente y blanco como la aurora. Forma femenina: Albana.

Alberto (Germano). Que ilumina por su nobleza. Forma femenina: Albertina.

Albino (Latino). Que tiene la cara blanca. Forma femenina: Albina.

Alceo (Griego). Hombre fuerte.
Alcibíades (Griego). Hombre fuerte y violento.
Alcides (Griego). El hombre vigoroso.
Alcuino (Germano). El amigo del templo.
Aldo (Germano). El noble con experiencia. Forma femenina: Alda.
Alejandro (Griego). El protector de los hombres. Forma femenina: Alejandra.
Alejo. Variante de Alejandro.
Alex. Diminutivo de Alexis y éste a su vez variante de Alejandro.
Alexander. Forma inglesa de Alejandro.
Alexis. Variante de Alejandro. Forma femenina: Alexia.
Alfeo (Griego). Hijo del océano.
Alfio (Griego). De cara blanca.
Alfonso (Germano). Que está siempre listo para el combate. Forma femenina: Alfonsina.
Alfredo (Germano). El noble pacificador.
Alí (Árabe). El sublime.
Alonso. Variante de Alfonso.
Alterio (Griego). El de buen porvenir.
Alvar (Germano). Variante de Álvaro.
Álvaro (Germano). Hombre prevenido.
Amadeo (Latino). Aquel que ama a Dios.
Amadís (Latino). El gran amor.
Amado (Latino). El que es amado.
Amador (Latino). Aquel que ama.
Amalio (Germano). El hombre sin preocupaciones. Forma femenina: Amalia.
Amancio (Latino). Que ama a Dios.
Amando (Latino). El amado por todos. Forma femenina: Amanda.
Amaranto (Griego). El que no envejece. Forma femenina: Amaranta.
Amaro (Latino). Del latín "maurus", moro, el de tez morena.
Amaru (Quechua). La serpiente sagrada. Forma femenina: Amaru. *Este nombre debe estar acompañado por otro nombre para indicar con claridad el sexo de la persona.*
Ambrosio (Griego). El inmortal. Forma femenina: Ambrosia.

Américo (Germano). El príncipe valiente. Forma femenina: América.

Amiel (Hebreo). Dios es mi pueblo.

Amílcar (Fenicio). Aquel que gobierna la ciudad.

Amín (Árabe). Hombre fiel. Forma femenina: Amina.

Amintor (Griego). El que protege.

Amón (Hebreo). El constructor.

Amos (Hebreo). Hombre robusto.

Ampelio (Griego). El que cultiva la vid.

Amuillán (Mapuche). El de gran corazón.

Anacario (Griego). El que posee gracia.

Anacleto (Griego). El que es llamado o invocado.

Ananías (Hebreo). Que tiene la gracia de Dios.

Anastasio (Griego). Aquel que resucitó. Forma femenina: Anastasia.

Anatolio (Griego). El oriental.

Anaxágoras (Griego). El primero, el príncipe.

Ancavil (Mapuche). Ser mitológico.

Andrea. Forma italiana de Andrés.

Andrés (Griego). Hombre fuerte y varonil. Forma femenina: Andrea.

Androcles (Griego). Hombre lleno de gloria.

Andrónico (Griego). El victorioso.

Anfión (Griego). Personaje de la mitología, hijo de Zeus y Antiope.

Ángel (Griego). Enviado de Dios. Forma femenina: Ángela.

Angilberto (Germano). Que brilla por el poder de Dios.

Aniano (Griego). El afligido. Forma femenina: Ania.

Aníbal (Fenicio). Que posee la gracia de Dios.

Aniceto (Griego). El invencible.

Anselmo (Germano). El protegido de Dios.

Antelmo (Germano). El que protege a la patria.
Antenor (Griego). El guerrero.
Antíoco (Griego). El hombre que se opone.
Antipas (Griego). El hombre que está en contra de todos los demás.
Antón. Apócope de Antonio.
Antonio (Griego). El que florece. Forma femenina: Antonia.
Antonino. Diminutivo de Antonio.
Aparicio (Latino). Aquel que se aparece.
Apeles (Griego). El que aconseja al pueblo.
Apolo (Griego). Que tiene poder para curar.
Apuleyo (Latino). Del latín *Apuleius*, nombre romano.
Aquiles (Griego). Que consuela el dolor de los afligidos.
Aquilino (Latino). Agudo como el águila.
Aram (Hebreo). Sobrenombre de los arameos.
Aramís. Variante de Aram.
Arcadio (Griego). Que nació en la ciudad griega de Arcadia. Forma femenina: Arcadia.
Arcángel (Griego). El príncipe de los ángeles. Forma femenina: Arcángela.
Archibaldo (Germano). El intrépido.
Arduino (Germano). Amigo valiente.
Aretas (Árabe). El forjador.
Argentino (Latino). Que resplandece como la plata. Forma femenina: Argentina.
Argeo (Griego). Rey griego.
Argimiro (Germano). El guerrero noble.
Ariel (Hebreo). El león de Dios. Forma femenina: Ariela.
Aristeo (Griego). El que se destaca.
Arístides (Griego). El mejor de todos.
Aristóbulo (Griego). El que brinda el mejor consejo.
Aristóteles (Griego). De nobles propósitos.
Armando (Germano). El hombre fuerte. Forma femenina: Armanda.
Armentario (Latino). El pastor. Forma femenina: Armentaria.
Arnaldo (Germano). Que vigila desde las alturas.
Arnoldo. Variante de Arnaldo.
Arnulfo (Germano). Fuerte y veloz como el águila.
Arquelao (Griego). El que gobierna.
Arquímedes (Griego). El hombre de gran inspiración.

Arquipo (Griego). El que domina a los caballos.
Arsenio (Griego). El hombre vigoroso.
Artemio (Griego). El hombre íntegro.
Arturo (Celta). El guardián de las estrellas.
Ary. Abreviatura de Aristóteles.
Asaf (Hebreo). El elegido de Dios.
Asdrúbal (Fenicio). Protegido de Dios.
Aser (Hebreo). Nombre de uno de los hijos de Jacob.
Astolfo (Germano). Que ayuda a los demás.
Atahualpa (Quechua). Pájaro de la fortuna.
Atanasio (Griego). El longevo.
Atenodoro (Griego). El que regala sabiduría.
Athos (Griego). Proveniente de Athos, montaña de Grecia.
Atila (Germano). El jefe del pueblo.
Atilano. Variante latina de Atila.
Atilio (Latino). El rengo.
Auberto (Francés). De Alberto.
Aucaman (Mapuche). Cóndor libre.
Auda (Latino). El hombre audaz. Forma femenina: Auda. *Este nombre debe estar acompañado por otro nombre para indicar con claridad el sexo de la persona.*
Augusto (Latino). El venerado.
Aureliano. Variante de Aurelio.
Aurelio (Latino). Aquel que tiene el brillo del oro. Forma femenina: Aurelia.
Avelino (Latino). El que viene de Abella, antigua ciudad de Italia.
Axel. Variante sueca de Absalón.
Ayax. (Griego). El valiente.
Azarías (Hebreo). Que tiene la fuerza de Dios.
Azrael (Hebreo). La ayuda de Dios.
Azariel (Hebreo). El que reina sobre las aguas.
Azul (Persa). Del color del cielo. Forma femenina: Azul.

Baal (Caldeo). El señor de su territorio.

Baco (Griego). El que produce alboroto.

Balaam (Hebreo). Señor de su pueblo.

Balbino (Latino). El tartamudo. Forma femenina: Balbina.

Balbo (Latino). El que no habla bien.

Baldomero (Germano). El incansable luchador.

Baidovino (Germano). El amigo intrépido.

Baiduino (Germano). El que es amigo extremadamente valiente.

Balduino (Germano). El amigo valiente.

Barlaam (Hebreo). El protegido de Dios.

Bartolomé (Hebreo). El hijo abundante en surcos.

Baruch (Hebreo). El bendecido por Dios. Equivalente a Benito.

Basiano (Griego). El de agudo juicio.

Basilio (Griego). El que es rey y gobierna.

Baudilio (Germano). El conductor a la victoria final. Forma femenina: Baudilia.

Beda (Germano). Aquel que obliga.

Belarmino (Germano). El de bella armadura.

Belén (Hebreo). Casa del pan. *Este nombre debe estar acompañado por otro nombre para indicar con claridad el sexo de la persona.*

Belisario (Griego). Aquel que dispara las flechas con gran arte.

Belmiro (Germano). El guerrero ilustre.

Beltrán (Germano). El del escudo refulgente.

Ben (Árabe). Hijo.

Benedicto (Latino). Bendecido por Dios. Forma femenina: Benedicta.

Benigno (Latino). Aquel que es pródigo. Forma femenina: Benigna.

Benildo (Germano). Lucha con los osos. Forma femenina: Benilda.

Benito. Variante de Benedicto.

Benjamín (Hebreo). El hijo dilecto.

Berengario (Germano). Aquel que mata osos con su lanza.

Bernabé (Hebreo). Hijo de la profecía.

Bernardino. Diminutivo de Bernardo.

Bernardo (Germano). Audaz como un oso.

Bertoldo (Germano). Jefe espléndido.

Bertrán (Germano). Cuervo fulgurante.

Bertulfo (Germano). El guerrero destacado.
Besarion (Griego). El caminante.
Bienvenido (Latino). Al que se recibe con alegría.
Bladimiro (Eslavo). Príncipe de la paz.
Blandino (Latino). El que es homenajeado.
Blas (Griego). Aquel de habla balbuceante.
Boecio (Griego). El que se presenta a la batalla.
Bonifacio (Latino). El que siempre hace el bien.
Boris (Eslavo). Oso grande.
Braulio (Germano). Hombre resplandeciente.
Brian (Celta). El fuerte.
Bricio (Celta). La fuerza.
Bruno (Latino). Aquel de piel morena. Forma femenina: Bruna.
Buenaventura (Latino). El que es promesa de alegría.

Cadmo (Hebreo). El que proviene del Este.
Caifás (Asirio). De pocas luces.
Caín (Hebreo). El que forjó su lanza.
Caleb (Hebreo). El perro guardián de Dios.
Calfumil (Mapuche). Azul brillante.
Calígula (Latino). Aquel que usa *cáligas* (las sandalias de los soldados romanos).
Calímaco (Griego). El gran luchador.
Calixto (Griego). El mejor y más hermoso de todos.
Calógero (Griego). El sabio hermoso.
Calvucurá (Mapuche). Piedra azul.
Camilo (Latino). El ministro de Dios. Forma femenina: Camila.
Canaán (Hebreo). El humilde.
Cándido (Latino). Aquel que es puro. Forma femenina: Cándida.
Canuto (Germano). Que desciende de noble estirpe.
Carlomagno (Latino). El gran Carlos.
Carlos (Germano). El varón viril. Forma femenina: Carla.
Carmelo (Hebreo). El jardín florido. Forma femenina: Carmela.
Carpo (Griego). Fruto precioso.
Casandro (Griego). El hermano del héroe. Forma femenina: Casandra.

Casiano (Latino). Protegido por un yelmo. Forma femenina: Casiana.

Casildo (Árabe). El lancero joven. Forma femenina: Casilda.

Casimiro (Eslavo). El que predica la paz.

Casio. Variante de Casiano.

Cástor (Griego). El castor.

Cataldo (Germano). Que se destaca en la guerra.

Catón (Latino). El ingenioso.

Catricurá (Mapuche). Piedra tallada.

Cátulo. Variante de Catón.

Cayetano (Latino). Que proviene de Gaeta, ciudad del Lacio (región de Italia). Forma femenina: Cayetana.

Cecilio (Latino). El pequeño ciego. Forma femenina: Cecilia.

Ceferino (Griego). Que es como el viento.

Celedonio (Latino). Aquel que es como una golondrina. Forma femenina: Celedonia.

Celestino (Latino) El que vive en el mundo celestial.

Celio Variante de Celestino. Forma femenina: Celia.

Celso (Latino). El que proviene de lo mas alto. Forma femenina: Celsa.

César (Latino). De cabellera larga y abundante.

Cesario Variante de César.

Cicerón (Latino). El que siembra garbanzos.

Cid (Árabe). El Señor.

Cipriano (Griego). El consagrado a la diosa Venus.

Ciriaco (Griego). Aquel que pertenece a Dios.

Cirilo. Diminutivo de Ciro.

Cirineo (Griego). Originario de Cirene, antigua ciudad de la provincia de Cirenaica, actual Libia. Forma femenina: Cirinea.

Ciro (Griego). El gran Señor.

Citino (Latino). El que actúa rápido.

Christian. Variante gráfica de Cristián.

Claudio (Latino). El tullido, el rengo. Forma femenina: Claudia.

Claus. Variante de Claudio.

Clemente (Latino). El que siente compasión. Forma femenina: Clemencia.

Cleofás (Griego). La gloria del Padre.

Clímaco (Griego). El que asciende.

Clodoaldo (Germano). El gran capitán.
Clodomiro (Germano). El capitán glorioso.
Clodoveo (Germano). El combatiente glorioso.
Clorindo (Griego). El que es como la hierba verde. Forma femenina: Clorinda.
Cono (Mapuche). Paloma torcaz.
Conrado (Germano). El consejero valiente y audaz.
Constancio (Latino). El constante. Forma femenina: Constancia.
Constantino (Latino). Diminutivo de Constancio. El que es firme y perseverante.
Contardo (Germano). El que es audaz y valiente.
Coriolano (Latino). El conquistador
Cornelio (Latino). El que convoca a la batalla con un cuerno. Forma femenina: Cornelia.
Cosme (Griego). El que usa adornos.
Coyahue (Mapuche). Reunión.
Crescencio (Latino). El que crece en la virtud.
Crisanto (Griego). Flor áurea.
Crisipo (Griego). Equino dorado.
Crisóforo (Griego). Aquel que transporta oro.
Crisólogo (Griego). El valioso consejero.
Crisóstomo (Griego). Que brinda buenos consejos.
Crispín (Latino). De cabellos enrulados.
Críspulo. Variante de Crispín.
Cristián (Latino). El cristiano.
Cristóbal (Griego). Aquel que lleva a Cristo.
Cruz (Latino). Símbolo de sacrificio. Nombre que alude a la crucifixión de Jesucristo. Forma femenina: Cruz. *Este nombre debe estar acompañado por otro nombre para indicar con claridad el sexo de la persona.*
Cuasimodo (Latino). Aquel que es como un niño.
Cuminao (Mapuche). Último destello del sol.
Cunibaldo (Germano). De cuna noble.
Cupido (Latino). Dios romano del amor.
Curileo (Mapuche). Río negro.
Custodio (Latino). El ángel guardián.
Cutberto (Anglosajón). El que brilla.

Dacio (Latino). Originario de Dacia, antigua región (hoy parte de Rumania) que perteneció al Imperio romano. Forma femenina: Dacia.

Dagoberto (Germano). Que resplandece como el sol.

Dalmacio (Latino). Originario de Dalmacia, región de los Balcanes. Forma femenina: Dalmacia.

Dalmiro (Germano). De ilustre linaje. Forma femenina: Dalmira.

Dámaso (Griego). El domador habilidoso. Forma femenina: Damasia.

Damián (Griego). Surgido del pueblo.

Damocles (Griego). El que llena de gloria a su pueblo.

Dan (Hebreo). El juez.

Daniel (Hebreo). Su Dios es el juez. Forma femenina: Daniela.

Danilo. Variante serviocroata de Daniel.

Dante (Latino). De recio carácter.

Dardo (Griego). El astuto y hábil.

Darío (Persa). Aquel que protege contra el mal. Forma femenina: Daría.

Dativo (Latino). El tutor.

Dato (Latino). Del latín "Datus", el dado.

David (Hebreo). Amado por Dios.

de Dios

de Luján

de la Cruz

de la Paz

del Carmen

del Corazón de Jesús

del Milagro

del Rosario

del Sagrado Corazón de Jesús

del Valle de la Cruz

Nombres que deben ir precedidos por otro nombre que clarifica el sexo de la persona. Ejemplo: Juan de Dios.

Decio. Variante gráfica de Dacio.

Dédalo (Griego). El hábil artista.

Delfín (Latino). Aquel que es juguetón. Forma femenina: Delfina.

Demetrio (Griego). Alusivo a Démeter, diosa griega de la tierra y de las cosechas. Forma femenina: Demetria.

Demián. Variante gráfica de Damián.

Demóstenes (Griego). El dominador del pueblo.

Denis. Forma francesa de Dionisio. Forma femenina: Denise.

Desiderio (Latino). El deseado.

Didier Forma francesa de Desiderio.

Didio (Latino). Al que Dios concedió su gracia.

Diego (Griego). Variante de Santiago y éste a su vez de Jacobo.

Dimas (Griego). El compañero fiel.

Dimitri. Variante eslava de Demetrio.

Diocles (Griego). Gloria divina.

Diodoro (Griego). Poder de un dios.

Diógenes (Griego). Engendrado por Dios.

Diómedes (Griego). El que confía en la protección divina.

Dion (Griego). El consagrado.

Dionisio (Griego). De Dionisio, dios del vino en la mitología griega. El que se entrega, en la adversidad., a la protección de Dios. Forma femenina: Dionisia.

Dióscoro (Griego). El hijo de Zeus.

Diosdado (Latino). El que posee un don de Dios.

Domiciano. Variante de Domicio.

Domicio (Latino). El señor que genera admiración.

Domingo (Latino). Perteneciente al Señor. Equivalentes femeninos: Dominga, Dominica.

Donald (Anglosajón). Variante de Donaldo.

Donaldo (Celta). El que gobierna al mundo.

Donato (Latino). El don de Dios.

Doroteo (Griego). El regalo de Dios. Forma femenina: Dorotea.

Duilio (Latino). Aquel que está listo para ir al combate.

Dulce (Latino). Aquel que detenta dulzura. Equivalentes femeninos: Dulce, Dulcinea.

Dulcidio (Latino). El que es dulce y bondadoso.

Eadberto (Germano). El que posee riquezas.
Eberardo (Germano). El que es fuerte como el oso.
Ecio (Latino). El fuerte.
Edberto (Germano). El que brilla con su espada.
Edelmar. Variante de Adelmo.
Edelmiro (Germano). Célebre por su linaje. Forma femenina: Edelmira.
Edgar. Apócope de Edgardo.
Edgardo (Germano). El que defiende su territorio con la adarga (tipo de lanza). Forma femenina: Edgarda.
Edilio (Griego). Parecido a una estatua. Forma femenina: Edilia.
Edipo (Griego). El que tiene los pies hinchados.
Edmundo (Germano). El protector de sus bienes.
Eduardo (Germano). El guardián celoso de sus bienes. Forma femenina: Eduarda.
Efisio (Latino). Habitante de la ciudad de Efeso.
Efraín (Hebreo). El fructífero.
Efrén. Variante de Efraín: el fructífero.
Egberto (Germano). El que porta una espada.
Egidio (Griego). Aquel que porta un escudo con piel de cabra durante la batalla.
Egisto (Griego). Criado con leche de cabra.
Eladio (Griego). Proveniente de Grecia. Forma femenina: Eladia.
Elbio (Celta). El que viene de la montaña.
Eleazar (Hebreo). Aquel que siempre cuenta con el auxilio de Dios.
Elenio (Griego). Refulgente como el sol. Forma femenina: Elena.
Eleodoro (Griego). El que proviene del sol. Forma femenina: Eleodora.
Eleuterio (Griego). El libre y honesto.
Elí (Hebreo). El sublime.
Elías (Hebreo). Dios me domina.
Elido (Griego). Nombre proveniente de *Elida,* región de Grecia. Forma femenina: Elida.
Eliezer. Variante de Eleazar.
Eligio (Latino). El elegido por Dios.
Eli (Hebreo). El que cree que Dios es grande.
Elio (Griego). Es como el sol.
Elisandro. Variante de Lisandro.

Eliseo (Hebreo). Dios guarda mi salud. Forma femenina: Elisea.

Elmer. Variante de Edelmiro.

Elmo. Contracción de Erasmo.

Eloy. Variante de Eligio.

Elpidio (Latino). Aquel que tiene esperanza. Forma femenina: Elpidia.

Eluney (Mapuche). Regalo.

Elvio (Latino). Rubio. Forma femenina: Elvia.

Emanuel. Variante de Manuel.

Emerio (Latino). Aquel que es recompensado por Dios.

Emeterio (Griego). Digno de recibir amor.

Emiliano. Variante de Emilio.

Emilio (Latino). El esforzado trabajador. Forma femenina: Emilia.

Emir (Árabe). Comandante, jefe.

Emmanuel. Variante gráfica de Emanuel y éste a su vez de Manuel.

Eneas (Griego). El que vino al mundo para ser alabado.

Engelberto (Germano). El que brilla.

Enoch (Hebreo). Consagrado a Dios.

Enrico Variante de Enrique. Forma femenina: Enrica.

Enrique (Germano). El príncipe del hogar.

Enzo (Latino). Forma italiana de Heinz, apócope de Heinrich, forma alemana de Enrique.

Epicteto (Griego). El que fue adquirido recientemente.

Epicuro (Griego). Que socorre a los demás.

Epifanio (Griego). Relacionado con la epifanía (manifestación). Forma femenina: Epifanía.

Erasmo (Griego). El que es amable con todos.

Eric. Apócope de Erico.

Erico (Germano). El que reina para siempre. Forma femenina: Erica.

Ernesto (Germano). El que lucha para vencer, sin dudar. Forma femenina: Ernestina.

Eros (Griego). Amor.

Erwin (Germano). Consecuente con los honores recibidos. Forma femenina: Ervina.

Esaú (Hebreo). De cabellera abundante.

Esculapio (Griego). El médico.

Esdras (Hebreo). La ayuda, el socorro.

Esopo (Griego). Que da buena suerte.

Espartaco (Griego). El sembrador.
Estanislao (Eslavo). La gloria de su pueblo.
Esteban (Griego). Coronado por la victoria. Forma femenina: Estefanía.
Eterio (Griego). Limpio como el cielo.
Eudoxio (Griego). El de buenos pensamientos.
Eufemio (Griego). El que goza de buena reputación.
Eugenio (Griego). Noble de nacimiento. Forma femenina: Eugenia.
Eulalio (Griego). El que posee gran elocuencia. Forma femenina: Eulalia.
Eulogio (Griego). El gran orador. Forma femenina: Eulogia.
Eurico. Variante de Erico.
Eusebio (Griego). El piadoso. Forma femenina: Eusebia.
Eustacio (Griego). Que es sano y fuerte.
Eustaquio (Griego). Poseedor de las espigas de trigo.
Eustasio. Variante de Eustacio.
Evando (Griego). El hombre bueno.
Evangelino (Griego). El portador de la buena nueva (evangelio). Forma femenina: Evangelina.
Evaristo (Griego). El hombre excelente.
Evelio (Griego). El alegre. Forma femenina: Evelia.
Everardo (Germano). El que es fuerte y astuto como el jabalí.
Exequiel Variante de Ezequiel.
Expedito (Latino). El que es libre.
Ezequiel (Hebreo). Que posee la fuerza de Dios.
Ezio (Latino). De nariz aguileña.
Ezra (Hebreo). Variante de Esdras.

Fabián. Variante de Fabio. Forma femenina: Fabiana.
Fabio (Latino). El que cultiva habas. Forma femenina: Fabia.
Fabricio (Latino). Hijo del artesano.
Facundo (Latino). El que es elocuente y convincente.
Falco (Latino). Aquel que ve de lejos.
Fantino (Latino). El inocente.
Faraón (Egipcio). Habitante del gran palacio.
Farid (Árabe). El inigualable, el único.

Faustino (Latino). Variante de Fausto.

Fausto (Latino). Bendecido por la suerte.

Favio. Variante de Fabio.

Febo (Griego). Que brilla como el sol. Forma femenina: Febe.

Federico (Germano). Aquel que gobierna para la paz. Forma femenina: Federica.

Fedor. Variante eslava de Teodoro. Forma femenina: Fedora.

Fedro (Griego). El espléndido. Forma femenina: Fedra.

Feliciano (Latino). Dichoso y afortunado.

Felipe (Griego). El amigo de los caballos.

Felisardo (Latino). El hombre valiente y diestro.

Félix (Latino). Dichoso y agraciado por la fortuna. Forma femenina: Felicia.

Fermín (Latino). El que es constante en la fe del Señor.

Fernán. Apócope de Fernando.

Fernando (Germano). Guerrero audaz. Forma femenina: Fernanda.

Fidel (Latino). El amigo fiel. Forma femenina: Fidela.

Fileas (Griego). Aquel que ama intensamente.

Filemón (Griego). El de buen carácter.

Filiberto (Germano). El brillante.

Firmo (Latino). El que es firme físicamente y mentalmente.

Flaminio (Latino). El que pertenece a la clase sacerdotal. Forma femenina: Flaminia.

Flavio (Latino). Aquel de rubia cabellera. Forma femenina: Flavia.

Floreal (Latino). Alude al octavo mes del calendario (del 20 de abril al 19 de mayo), instaurado por la Revolución Francesa.

Florencio (Latino). El floreciente. Forma femenina: Florencia.

Florentino. Variante de Florencio.

Florestano. Variante de Florencio.

Florián. Variante de Floro.

Florio. Variante de Floro.

Floro (Latino). El que brota y crece con vitalidad. Forma femenina: Flora.

Focio (Latino). El iluminado, el resplandeciente.

Fortunato (Latino). El afortunado. Forma femenina: Fortunata.

Francisco (Latino). Aquel que lleva la lanza en la batalla. Forma femenina: Francisca.

Franco (Germano). Hombre libre.

Frank. Hipocorístico de Francisco.

Franklin. Variante de Franco.

Froilán (Germano). Amo y señor.

Fructuoso (Latino). El hombre bondadoso.

Frumencio (Latino). Abundante.

Fulberto (Germano). El que brilla.

Fulgencio (Latino). Aquel que resplandece por su bondad.

Fulvio (Latino). De cabellera roja. Forma femenina: Fulvia.

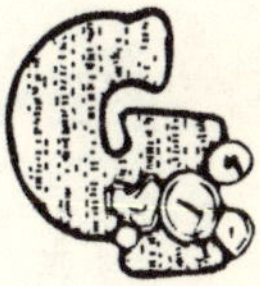

Gabino (Latino). Proveniente de Gabio, antigua ciudad cerca de Roma, donde según la leyenda fue criado Rómulo. Forma femenina: Gabina.

Gabriel (Hebreo). El que tiene la fuerza y el poder de Dios. Forma femenina: Gabriela.

Gadiel (Hebreo). Fortuna divina

Galeno (Griego). De vida pacífica y serena.

Galileo (Hebreo). Nacido en Galilea, región de Israel cuya ciudad principal es Nazaret.

Galo (Latino). Oriundo de la Galia, territorio que abarcaba Francia, parte de los Países Bajos y Alemania. Forma femenina: Gala.

Gamal (Hebreo). El Señor lo recompensa.

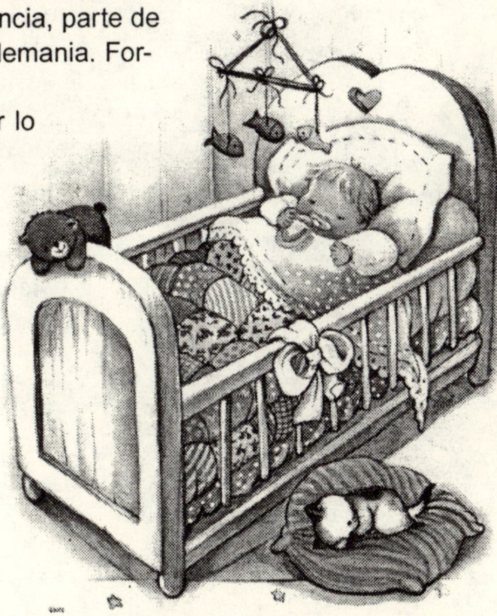

Gamaliel. Variante de Gamal.
Gandolfo (Germano). Guerrero valiente.
Garibaldi (Italiano). Referido al militar Italiano y héroe nacional.
García (Vasco). El oso de la llanura.
Garcilaso. Variante de García.
Garibaldo (Germano). El que es audaz y hábil con la lanza.
Gaspar (Persa). El custodio de los bienes de Dios.
Gastón (Germano). El huésped que trae un anuncio.
Gaudencio (Latino). Aquel que vive con alegría.
Gausberto (Germano). El que resplandece.
Gedeón (Hebreo). El que quiebra y fractura las cosas.
Gelasio (Griego). El risueño.
Gemelo (Latino). El mellizo.
Genaro. Variante gráfica de Jenaro.
Geraldo. Variante de Gerardo. Forma femenina: Geraldina.
Gerardo (Germano). Aquel que es audaz con su lanza.
Gerbrando (Germano). Espada.
Germán (Latino). Hombre de la lanza.
Gerónimo (Griego). Hombre sagrado.
Gerson (Hebreo). El que peregrina.
Gervasio (Griego). El poderoso lancero.
Gesualdo (Germano). El prisionero del rey.
Getulio (Latino). Proveniente de Getulia, antigua zona del norte de África.
Gétulo (Latino). Vencedor de los gétulos, tribu de una antigua zona del norte de África.
Gian (Italiano). Variante de Juan.
Giancarlo (Italiano). Variante de Juan Carlos.
Gianfranco (Italiano). Variante de Juan Franco.
Gianluca (Italiano). Variante de Juan Lucas.
Gianni (Italiano). Apócope de Giovanni, Juan.

Gildo (Italiano). Apócope de Hermenegildo.
Gilberto (Germano). Buen arquero. Forma femenina: Gilberta.
Ginés (Griego). El que protege a los suyos.
Giordano (Italiano). Variante de Jordán. Forma femenina: Giordana
Giovanni (Italiano). Juan. Forma femenina: Juana.
Glauco (Griego). Dios del mar.
Goderico (Germano). El que detenta el poder de Dios.
Godofredo (Germano). El que posee la paz de Dios.
Goliat (Hebreo). Peregrino.
Gonzalo (Latino). El genio del combate.
Graciano (Latino). El hombre agradable. Forma femenina: Graciana.
Grato (Latino). Variante de Graciano.
Gregorio (Griego). El vigía de su pueblo. Forma femenina: Gregorina.
Grimaldo (Germano). El que detenta el poder de su casco.
Gualberto (Germano). Variante de Walberto.
Gualterio (Germano). Comandante del ejército.
Guido (Germano). El que conoce los senderos.
Guillermo (Germano). El protector firme. Forma femenina: Guillermina.
Gumersindo (Germano). Hombre magnífico.
Gundelberto (Germano). El que brilla en la batalla.
Gustavo (Germano). El bastón de la batalla.
Guy. Variante de Guido.
Guzmán (Germano). El hombre apto para la guerra.

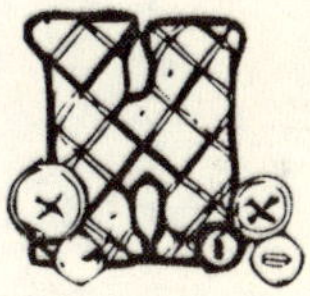

Habib (Árabe). Querido, amado.
Hadulfo (Germano). Lobo de la batalla.
Haman (Persa). Grande y supremo dignatario de la corte.
Haroldo (Germano). El caudillo que se impone.
Hassan (Árabe). El joven hermoso.
Heber (Hebreo). El que obtiene la alianza.
Heberto. Apócope de Heriberto.
Héctor (Griego). El protector y defensor sin par.
Helio (Griego). Semejante al Sol.
Heliodoro (Griego). Regalo del Sol.

Heliogábalo (Sirio). Aquel que idolatra al Sol.
Helvio. Variante gráfica de Elvio.
Henry (Anglosajón). Variante de Enrique.
Heráclito (Griego). Con inclinaciones hacia lo sagrado.
Heraldo (Germano). Rey de las armas.
Hércules (Griego). La gloria de Hera o Juno, la diosa.
Herculano (Latino). Perteneciente a Hércules.
Heriberto (Germano). Obtiene gloria para el ejército que comanda.
Hermán (Germano). El guerrero sabio.
Hermelindo (Germano). Escudo de fuerza. Forma femenina: Hermelinda.
Hermenegildo (Germano). Aquel que ofrece sacrificios a su Dios.
Hermes (Griego). El mensajero.
Herminio (Germano). Consagrado a Dios. Forma femenina: Herminia.
Hermógenes (Griego). El que desciende de Hermes.
Hernán (Germano). Variante de Fernando.
Hernando. Variante de Fernando.
Hernani (Vasco). La cima de la colina.
Herodes (Hebreo). Dragón de fuego.
Heródoto (Griego). Don sagrado.
Hervé (Bretón). Aquel de gran acción en la batalla.
Hesiquio (Griego). El tranquilo.
Higinio (Griego). Goza de buena salud.
Hilario (Latino). Aquel que es alegre. Forma femenina: Hilaria.
Hilarión (Latino). Alegre.
Hipólito (Griego). Aquel que apresta su caballo para ir al combate. Forma femenina: Hipólita.
Hiram (Hebreo). El hermano Dios es sublime.
Hiran. Variante de Hiram.
Homero (Griego). El ciego.
Honorato (Latino). Receptor de honores. Forma femenina: Honorata.
Honorio (Latino). El que merece los honores. Forma femenina: Honoria.
Horacio (Latino). Consagrado a las Horas (divinidades de la religión romana).
Hortensio (Latino). Aquel que ama su huerta. Forma femenina: Hortensia.

Hospicio (Latino). El que alberga.
Huberto (Germánico). De inteligencia aguda.
Huenu (Mapuche). Cielo.
Huentemil (Mapuche). Rayo luminoso.
Hugo (Germánico). De gran inteligencia y espíritu.
Huidaleo (Mapuche). Brazo del río.
Huircalaf (Mapuche). Grito de alegría.
Humberto (Germánico). Poseedor de fama.

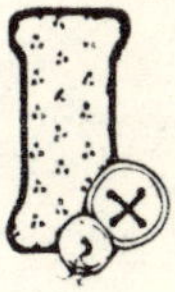

Ian. Variante de Juan.
Iago (Hebreo). El que suplantó al hermano.
Íbero (Latino). Aquel que habita en la península ibérica.
Ícaro (Griego). El que trabaja la madera.
Idelfonso (Germano). Veloz para el combate.
Ignacio (Latino). El ardiente. Forma femenina: Ignacia.
Igor. Variante rusa de Gregorio.
Iluminado (Latino). El que recibe la inspiración de Dios.
Inca (Quechua). El principal.
Indalecio (íbero). Semejante al maestro.
Inocencio (Latino) Sin mácula.
Inti (Aymará). El sol.
Iñaki. .Variante vasca de Ignacio.
Iñigo. Variante de Ignacio.
Ion (Griego). El que camina.
Irineo (Griego). El pacífico. Forma femenina: Irene.
Isaac (Hebreo). Hijo de la alegría.
Iságoras (Griego). Aquel que es ecuánime.
Isaías (Hebreo). Dios es la salvación.
Isidoro (Griego). Regalo de Isis.
Isidro. Variante gráfica de Isidoro.
Ismael (Hebreo). Dios escucha.
Isócrates (Griego). El que puede tanto como el otro.
Israel (Hebreo). Aquel que dominó a Dios.
Ítalo (Latino). Aquel que vive en Italia.
Iván. Variante eslava de Juan. Forma femenina: Ivana.
Ives. Antiguo nombre Francés que se hizo popular por ser el nombre por un obispo de la ciudad de Chartres, Francia.
Ivo. Variante de Ives.

Jabel (Hebreo). Que fluye como el arroyo.
Jacinto (Griego). Hermoso como la flor. Forma femenina: Jacinta.
Jacob (Hebreo). El que suplantó a su hermano.
Jacobo. Variante de Jacob.
Jacques. Versión francesa de Santiago o Jacobo. Forma femenina: Jacqueline.
Jaime. Variante de Jacobo.
Jair. Apócope de Jairo.
Jairo (Hebreo). El iluminado.
Jalil (Árabe). El amigo.
Jano (Griego). El que brilla como el sol.
Jansenio (Hebreo). Variante de Juan.
Jasón (Griego). El que cura las enfermedades.
Javier (Vasco). Aquel que habita la casa nueva. Forma femenina: Javiera.
Jenaro (Latino) Consagrado al dios Jano. Forma femenina: Jenara.
Jenofonte (Griego). El extranjero elocuente.
Jeremías (Hebreo). El que exalta al Señor.
Jerónimo (Griego). De nombre sagrado.
Jesús (Hebreo). El salvador. Forma femenina: Jesusa.
Joab (Hebreo). Hijo del Señor.
Joan. Variante de Juan.
Joaquín (Hebreo). El que es sólido y estable.
Job (Hebreo). El perseguido.
Joel (Hebreo). Dios es su Señor.
Jonás (Hebreo). Sencillo como una paloma.
Jonatan (Hebreo). Don de Dios.
Jonathan. Variante gráfica de Jonatan.
Jordán (Hebreo). El que desciende.
Jorge (Griego). El que trabaja la tierra. Forma femenina: Jorgelina.
Josafat (Hebreo). El juicio de Dios.
José (Hebreo). Aquel al que Dios ayuda. Forma femenina: Josefa.
Josué (Hebreo). Dios es el protector.

Juan (Hebreo). El que posee la gracia de Dios.

Juda o **Judá** (Hebreo). Patriarca bíblico, jefe de la tribu de ese nombre.

Judas (Hebreo). El que alaba a Dios.

Julián. Derivado de Julio. Forma femenina: Juliana.

Juliano. Derivado de Julián.

Julio (Latino). El de cabello ondulado. Forma femenina: Julia.

Justiniano (Latino). El joven que precisa consejos.

Justino. Diminutivo de Justo. Forma femenina: Justina.

Justo (Latino). Aquel que es recto. Forma femenina: Justa.

Juvenal (Latino). Aquel que es juvenil.

Kaled (Árabe). El inmortal.

Kalil (Árabe). El amigo.

Kevin (Irlandés). Hermoso nacimiento.

Khalil (Árabe). Variante de Kalil.

Kenneth (Inglés). Forma inglesa del nombre gaélico *Cinaed.*

Kiliano (Celta). Variante de Cecilio.

Laban (Hebreo). El inocente.

Ladislao (Eslavo). El hombre glorioso.

Lahuen (Mapuche). Remedio.

Lamberto (Teutón). Renombrado en la ciudad.

Lancelot o **Lanceloto** (Francés). La lanza rota.

Landerico (Germano). Aquel que ejerce el poder entre los suyos.

Landolfo (Germano). Hábil como un lobo.

Lanfranco (Germano). Que es libre en su patria.

Lanzarote (Hispano). Variante de Lancelot.

Laureano (Latino). Vencedor coronado con el laurel de la victoria. Forma femenina: Laureana.

Lauro. Variante de Laureano o de Laurencio. Forma femenina: Laura.

Lautaro (Araucano). El que es veloz.

Lázaro (Hebreo). Que tiene la protección de Dios.

Leal (Hispano). Que es fiel.

Leandro (Griego). El hombre paciente. Forma femenina: Leandra.

Learco (Griego). El jefe de su pueblo.

Lelio (Latino). Que es locuaz. Forma femenina: Lelia.

Lemuel (Hebreo). Devoto de Dios.

Leo Apócope de Leonardo y éste a su vez variante de León.

Leobardo (Germano). El más intrépido de su pueblo.

Leocadio (Griego). El que brilla por su blancura. Forma femenina: Leocadia.

Leodovaldo (Germano). Aquel que gobierna a su pueblo.

Leofrido (Germano). El protector del pueblo.

León (Latino y Griego). Aquel que es bravo y audaz.

Leonardo. Variante de León.

Leonel (Griego). El pequeño león.

Leonelo. Variante de Leonel.

Leónidas. Variante de León.

Leónides. Variante gráfica de Leónidas y éste a su vez de León.

Leopoldo (Germano). Defensor de su pueblo.

Leuco (Griego). El luminoso.

Levi (Hebreo). Prenda de unión.

Líber (Latino). El magnánimo. Forma femenina: Líbera.

Libio (Latino). Nacido en un ligar árido.

Liborio (Latino). El que es natural de Líbor, nombre de varias antiguas ciudades de España y Portugal. Forma femenina: Liboria.

Licurgo (Griego). El que ahuyenta a los lobos.

Lindor (Latino). El seductor.

Lino (Latino). El que trabaja con el lino. Forma femenina: Lina.

Lisandro (Griego). El que libera.

Lisardo (Hebreo). El guerrero de Dios.

Livio (Latino). El de piel olivácea. Forma femenina: Livia.

Longinos (Griego). El que lleva la lanza.

Lope (Vasco). El torpe, tosco.

Lorenzo (Latino). El victorioso. Forma femenina: Lorenza.

Lot (Hebreo). El que tiene el rostro cubierto.

Lotario (Germano). El guerrero cubierto de gloria.

Loyola (Latino). El que tiene en su escudo un lobo.

Luano (Latino). El manantial.
Lucas (Latino). Resplandeciente como la luz.
Luciano. Variante de Lucio y éste a su vez de Lucas. Forma femenina: Luciana.
Lucio. Variante de Lucas.
Lucrecio (Latino). Nombre de una familia patriarcal de Roma. Forma femenina: Lucrecia.
Ludovico (Germano). El guerrero ilustre. Forma femenina: Ludovica.
Luis (Germano). El guerrero glorioso. Forma femenina: Luisa.
Lupo (Latino). El lobo.

LL

Llancañir (Mapuche). Zorro gris.

M

Macabeo (Hebreo). ¿Quién es como tu Dios?
Macedonio (Griego). El engrandecido por los triunfos.
Maciel (Latino). El delgado.
Madox (Celta). El que es ardiente.
Mahoma (Árabe). Digno de ser honrado y alabado.
Mainque (Mapuche). Cóndor.
Malaquías (Hebreo). El emisario de Dios.
Malco (Hebreo). Que es como un rey.
Mamerto (Latino). Natural de Mamertium, antigua ciudad del sur de Italia.
Manfredo (Germano). El hombre pacífico.
Manlio (Latino). Que nació en la mañana.
Manrique (Germano). El hombre poderoso.
Manuel (Hebreo). Dios está con nosotros. Forma femenina: Manuela.
Manzur (Árabe). El triunfador.
Marcelino (Latino). El que trabaja con el martillo.
Marcelo (Latino). Diminutivo de Marcos. Forma femenina: Marcela.
Marcial (Latino). Consagrado al dios Marte.
Marcio. Variante de Marcial.

Marco. Variante de Marcos.
Marcos (Latino). Combativo como el dios Marte.
María (Latino). El amado y elegido de Dios. Forma femenina: María. *Este nombre debe estar acompañado por otro nombre para indicar con claridad el sexo de la persona.*
Mariano (Latino). Derivado de María. Forma femenina: Mariana.
Marín. Variante de Marino.
Marino (Latino). Hombre del mar. Forma femenina: Marina.
Mario (Latino). El hombre viril.
Martín (Latino). Guerrero combativo. Forma femenina: Martina.
Martiniano. Variante de Martín.
Martino. Variante de Martín. Forma femenina: Martina.
Mártir (Griego). El que da testimonio de fe.
Mateo. (Hebreo). El don de Dios.
Matías. Variante de Mateo.
Matusalén (Hebreo). El varón de Dios.
Mauricio. Variante de Mauro.
Mauro (Latino). De tez morena.
Max. Apócope de Máximo.
Maximiliano (Latino). El varón más grande.
Máximo (Latino). El mayor de todos.
Melchor (Hebreo). Rey de la luz.
Melitón (Griego). El hombre dulce. Forma femenina: Melitona.
Melquíades (Hebreo). Rey de Dios.
Menas (Griego). Relativo al mes.
Menebo o **Menelao** (Griego). Aquel que conduce al pueblo a la acción.
Mentor (Griego). El maestro.
Mercurio (Griego). Que se ocupa de los negocios.

Merulo (Latino). El que es fino como el mirlo.
Micael. Variante de Miguel. Forma femenina: Micaela.
Michel. Variante francesa de Miguel. Forma femenina: Michelle.
Midas (Griego). El hábil conductor.
Miguel (Hebreo). ¿Quién es como Dios? Forma femenina: Micaela.
Milton (Inglés). Nacido en el pueblo del molino.
Millán. Derivado de Emiliano y éste a su vez de Emilio.
Millañir (Mapcuhe). Zorro plateado.
Miqueas (Hebreo). Variante de Miguel.
Misael. Variante de Micael y éste a su vez de Miguel.
Modesto (Latino). El moderado. Forma femenina: Modesta.
Mohamed. Variante de Mahoma.
Moisés (Egipcio). El rescatado, el salvado.
Morfeo (Griego). Que hace tener visiones placenteras.
Munir (Árabe). Que es como una fuente de luz.
Mustafá (Turco). El elegido.

Nabor (Hebreo). Luz del profeta.
Nabucodonosor (Caldeo.). Dios protege mi reinado.
Nadir (Árabe). El opuesto.
Nahuel (Mapuche). El tigre.
Nahum (Hebreo). Que consuela.
Naim (Árabe). De gran belleza.
Namuncurá (Mapuche). Pie de piedra.
Napoleón (Italiano). Nombre resultante de la fusión de los nombres Jacobo y León.
Narciso (Griego). Aquel que es reposado.
Natal (Latino). Que nació en Navidad.
Natalio Derivado de Natal. Forma femenina: Natalia.
Natán. Apócope de Natanael.
Natanael (Hebreo). Regalo de Dios.
Nataniel .Variante de Natanael.
Nazareno (Hebreo). El que nació en Nazaret. Forma femenina: Nazarena.
Nazaret (Hebreo). Brote florido. *Este nombre debe estar acompañado por otro nombre para indicar con claridad el sexo de la persona.*
Nectario (Griego). El que endulza la vida.

Neftalí (Hebreo). El hijo de Jacob. Forma femenina: Neftalí.

Nehemías (Hebreo). Dios es su consuelo.

Nehuen (Mapuche). El fuerte.

Nelson (Celta). El hijo de Neil.

Nemrod (Hebreo). Que es rebelde.

Nemesio (Griego). Que es justo. Forma femenina: Nemesia.

Neón (Griego). El que es fuerte.

Nepomuceno (Eslavo). Aquel que ayuda.

Neptuno (Griego). Dios del mar.

Nereo (Griego). El anciano del mar. Forma femenina: Nerea.

Neri (Latino). El hombre que anda en el mar.

Nerón (Latino). El intrépido.

Néstor (Griego). El que es recordado.

Nicandro (Griego). El vencedor de los hombres.

Nicanor (Griego). El victorioso.

Nicasio (Griego). El vencedor.

Niceas (Griego). El victorioso.

Nicéforo (Griego). El que lleva la victoria.

Nicodemo (Griego). El victorioso de su pueblo.

Nicolás (Griego). Que conduce a su pueblo a la victoria.

Nicomedes (Griego). El que prepara las victorias.

Nilo (Egipcio). El regalo de Dios para vivir.

Nino (Caldeo). El que posee palacios.

Noé (Hebreo). El longevo.

Noel. Variante de Natalio y éste a su vez de Natal. Formas femeninas: Noel, Noelia.

Nolberto (Germano). Variante de Norberto.

Norberto (Germano). Hombre famoso del Norte.

Norman (Germano). El hombre que proviene del Norte.

Normando. Variante de Norman.

Numa (Griego). Aquel que imparte reglas.

Nuncio (Latino). El que trae un mensaje.

Ñ

Ñancuvilu (Mapuche). Culebra blanca.

Obdulio (Latino). Que mitiga las penas.
Obed (Hebreo). El esclavo de Dios.
Oberón (Germano). El duende de los bosques. Rey de los elfos en algunas leyendas medievales francesas.
Octaviano. Variante de Octavio.
Octavio (Latino). Que nació en octavo lugar. Forma femenina: Octavia.
Odín (Escandinavo). Guerrero todopoderoso.
Odo. Variante de Otón. Forma femenina: Oda.
Odrán (Germano). El que está alerta.
Ofir (Hebreo). Aquel que es hombre feroz.
Olaf (Germano). El glorioso.
Olegario (Germano). Parecido al cielo.
Olindo (Germano). El protector de sus tierras. Forma femenina: Olinda.
Oliverio (Latino). El que trae la paz.
Omar (Árabe). Que tiene larga vida.
Onésimo (Griego). Aquel que es fecundo.
Onofre (Germano). El defensor de la paz.
Orestes (Griego). Que habita en los montes.
Orfeo (Griego). Aquel de canto bello.
Orígenes (Griego). Que viene del sol.
Orión (Griego). Que trae las aguas.
Orlando. Variante de Rolando.
Oscar (Germánico). La lanza de los dioses.
Osiris (Egipcio). Aquel que es fértil.
Osmán (Árabe). Que es dócil como un pichón.
Osmar (Germano). Que brilla como la gloria de Dios.
Osmundo (Germano). El protector.
Osvaldo (Germano). Proveniente del pueblo brillante.
Ovidio (Latino). Que cuida las ovejas. Forma femenina: Ovidia.
Owen (Galés). El joven guerrero.

Pablo (Latino). Aquel que es pequeño.
Pace (latino). Paz.
Painecurá (Mapuche). Piedra tornasolada.
Pafnucio (Griego). El que es rico en méritos.
Palatino (Latino). El que viene del monte.
Palemón (Griego). El luchador.

Pancracio (Griego). El que es todopoderoso. Forma femenina: Pancracia.

Pánfilo (Griego). El amigo más amado. Forma femenina: Pánfila.

Pantaleón (Griego). El que detenta firmeza y valor.

Paolo. Variante de Pablo.

Paris (Griego). Aquel que sabe socorrer.

Pascacio. Variante de Pascual.

Pascual (Hebreo). Nacido durante la Pascua.

Pastor (Latino). Aquel que cuida ovejas. Forma femenina: Pastora.

Patricio (Latino). De noble linaje. Forma femenina: Patricia.

Patroclo (Griego). La gloria del padre.

Paul. Variante francesa de Pablo.

Paulino. Diminutivo de Paulo y éste a su vez variante de Pablo.

Paulo. Variante de Pablo.

Paz (Latino). Aquel que es sosiego. Forma femenina: Paz. *Este nombre debe estar acompañado por otro nombre para indicar con claridad el sexo de la persona.*

Pedro (Latino). Firme y duro como la roca. Forma femenina: Petra.

Pehuén (Mapuche). Araucaria, piñón. Árbol protector de la tribu.

Perceval o **Percival** o **Parcifal** (Celta). El guerrero del fuego.

Pericles (Griego). El glorioso gobernante.

Perseo (Griego). El devastador.

Petronio. Variante de Pedro.

Piero (Griego). El que es amado por las musas.

Pío (Latino). El piadoso. Forma femenina: Pía.

Pipino (Latino). El de pequeña estatura.

Pitágoras (Griego). Relativo a la reunión del pueblo en Delfos, en la Grecia antigua.

Plácido (Latino). El que es tranquilo, calmo.

Platón (Griego). El que posee espaldas anchas.

Plauto (Griego). El que posee pies planos.

Plinio (Latino). Que posee muchos dones.

Plutarco (Griego). El que posee muchas y diversas riquezas.

Policarpo (Griego). Aquel que produce abundantes frutos.

Polifemo (Griego). El famoso.

Polión (Griego). Aquel que protege.
Pompeo. Variante de Pompeyo.
Pompeyo (Griego). El que encabeza la procesión.
Príamo (Griego). Aquel que es liberado.
Prilidiano (Griego). Que recuerda el pasado.
Primitivo (Latino). El que está en el primer lugar.
Prometeo (Griego). Que es semejante a Dios.
Próspero (Latino). El más afortunado.
Prudencio (Latino). Sensato y prudente. Forma femenina: Prudencia.

Quidel (Mapuche). Antorcha encendida.
Quillén (Mapuche). La lágrima.
Quimey (Mapuche). Hermoso.
Quintiliano (Latino). Variante de Quintilio.
Quintilio (Latino). Nacido en el quinto mes.
Quintín. Diminutivo de Quinto.
Quinto (Latino). Nacido en quinto lugar.
Quintún (Mapuche). Buscador de águilas.
Quirino (Latino). Aquel que posee la lanza. Forma femenina: Quirina.

Radamés (Nombre de origen seudoegipcio). Hijo de Ra (el Sol), deidad egipcia.
Rafael (Hebreo). Dios lo ha curado. Forma femenina: Rafaela.
Raimundo (Germano). Protector y sabio consejero.
Rainero (Germano). El consejero del pueblo.
Ramiro (Germano). Ilustre consejero.
Ramón. Variante de Raimundo.
Ramsés (Egipcio). Creado por el dios Ra (Sol).
Randolfo (Germano). El que posee el escudo del podér.
Raúl (Germano). Glorioso consejero.
Reginaldo (Germano). Aquel que gobierna por el consejo.
Reinaldo Variante de Reginaldo.
Remigio (Latino). El eximio remero.
Renato (Latino). Aquel que nace a la gracia de Dios. Forma femenina: Renata.

René. Forma francesa de Renato.
Renzo. Variante de Lorenzo.
Repucurá (Mapuche). Camino de piedra.
Reynaldo. Variante de Reginaldo.
Ricardo (Germano). El que es muy poderoso. Forma femenina: Ricarda.
Rigoberto (Germano). El príncipe resplandeciente.
Rinaldo. Variante italiana de Reginaldo.
Robertino. Diminutivo de Roberto.
Roberto. (Germano). El que es famoso por su gloria. Forma femenina: Roberta.
Robinson (Inglés). El hijo de Robin.
Robustiano (Latino). Fuerte como un roble.
Rodolfo (Germano). El guerrero glorioso.
Rodrigo (Germano). El glorioso lancero.
Rogelio (Germano). Variante de Rodrigo.
Roger. Variante inglesa de Rodrigo o Rogelio.
Rolando o **Roldán** (Germano). Que proviene de un país glorioso.
Román (Latino). Originario de Roma. Forma femenina: Romana.
Romeo (Latino). Aquel que va hacia Roma.
Romildo (Germano). El héroe cubierto de gloria. Forma femenina: Romilda.
Romualdo (Germano). Rey glorioso.
Rómulo (Griego). El hombre vigoroso.
Roque (Latino). Fuerte como una roca.
Rosario (Latino). Guirnalda de rosas. Forma femenina: Rosario. *Este nombre debe estar acompañado por otro nombre para indicar con claridad el sexo de la persona.*
Rosendo (Germano). El majestuoso señor. Forma femenina: Rosenda.
Roy. Variante de Rodrigo.
Rubén (Hebreo). El hijo de Dios.
Rucalaf (Mapuche). Casa de la alegría.
Rudecindo. Variante de Rosendo.
Rufino. Diminutivo de Rufo.
Rufo (Latino). El pelirrojo.
Ruperto. Variante de Roberto.
Sabás (Hebreo). Aquel que se ha convertido. Forma femenina: Saba.

Sabino (Latino). Proveniente de Sabina, antigua región de Italia. Forma femenina: Sabina.

Sacha. Variante eslava de Alejandro.

Salomón (Hebreo). El príncipe que ama la paz.

Salvador (Latino). El que libera o salva a los hombres. Forma femenina: Salvadora.

Salvio (Latino). Salvado.

Salvo (Latino). Variante de Salvio.

Samuel (Hebreo). Al que oye Dios.

Sancho (Latino). Consagrado a Dios.

Sandro. Variante italiana de Alejandro. Forma femenina: Sandra.

Sansón (Hebreo). El pequeño sol.

Santiago. Variante de Jacobo y éste a su vez de Jacob.

Santino. Diminutivo de Santo y éste a su vez variante de Santos.

Santo. Variante de Santos.

Santos (Latino). El íntegro y consagrado. Forma femenina: Santos. *Este nombre debe estar acompañado por otro nombre para indicar con claridad el sexo de la persona.*

Saturnino. El opulento.

Saturno (Latino). Saciado.

Saúl (Hebreo). El hombre esperado.

Saulo (Griego). Tierno y dulce.

Saverio. Variante italiana de Javier.

Sebastián (Griego). El hombre digno de respeto. Forma femenina: Sebastiana.

Segismundo (Germano). El protector victorioso. Forma femenina: Segismunda.

Segundo (Latino). Nacido en segundo lugar. Forma femenina: Segunda.

Selim (Árabe). Aquel que goza de buena salud.

Séneca (Latino). Apellido que se hizo famoso por el escritor y filósofo latino Lucio Anneo Séneca.

Septimio (Latino). Nacido en séptimo lugar.

Serafín (Hebreo). El ángel bello y ardiente. Forma femenina: Serafina.

Sergio (Latino). El protector y guardián. Forma femenina: Sergia.

Servando (Latino). Aquel que observa. Forma femenina: Servanda.

Set. Variante de Seth.

Seth (Hebreo). El que reemplaza.

Severino. Variante de Severo.

Severo (Latino). Inflexible y austero.

Sigfrido (Germano). Aquel que trae la paz.

Silo. Contracción de Silvano.

Silvano (Latino). Nacido en la selva. Forma femenina: Silvana.

Silvestre (Latino). El que crece en la selva.

Silvino. Variante de Silvano. Forma femenina: Silvina.

Silvio. Variante de Silvano. Forma femenina: Silvia.

Simeón. Variante de Simón.

Simón (Hebreo). Aquel que escucha. Forma femenina: Simona.

Sinforoso (Latino). Lleno de desdichas. Forma femenina: Sinforosa.

Sión (Hebreo). El monte elevado. Antiguamente recibía ese nombre la colina donde está emplazada Jerusalén. Por extensión, la ciudad misma. Forma femenina: Sión. *Este nombre debe estar acompañado por otro nombre para indicar con claridad el sexo de la persona.*

Siro (Latino). Nacido en Siria. Forma femenina: Sira.

Sixto (Griego). El hombre cortés.

Sócrates (Griego). Vigoroso y sano.

Sófocles (Griego). Famoso por su sabiduría.

Soi (Mapuche). Algarroba.

Sol (Latino). Aquel de luminosa fe. Forma femenina: Sol. *Este nombre debe estar acompañado por otro nombre para indicar con claridad el sexo de la persona.*

Stefano. Variante italiana de Estéban. Forma femenina: Stefanía.

Tabaré (Charrúa). El que vive apartado del resto.
Taciano (Latino). Variante de Tacio. Forma femenina: Taciana.
Tacio (Latino). Aquel que calla.
Tácito (Latino). Variante de Tacio.
Tadeo (Sirio). Aquel que halaga.
Telémaco (Griego). Aquel que se prepara para dar combate.
Telmo. Variante de Erasmo. Forma femenina: Telma.
Temístocles (Griego). Famoso por ser justo.
Teo (Griego). El regalo de Dios.
Teócrito (Griego). Escogido por Dios.
Teodorico (Germano). El que gobierna bien a su pueblo.
Teodoro (Griego). El regalo de Dios. Forma femenina: Teodora.
Teodosio (Griego). Variante de Teodoro. Forma femenina: Teodosia.
Teófilo (Griego). El amado por Dios.
Terencio (Latino). Tierno y delicado.
Tertuliano (Latino). Nacido en tercer lugar.
Teseo (Griego). El fundador.
Thierry. Variante francesa de Teodorico.
Tiago. Apócope de Santiago, variante de Jacobo y éste a su vez de Jacob.
Tiberio (Latino). Proveniente del río Tíber.
Tiburcio (Latino). Nacido en Tívoli.
Timoteo (Griego). Aquel que honra a Dios.
Tirso (Griego). El coronado con hojas de parra.
Tito (Latino). El defensor valiente.
Tobías (Hebreo). Aquel que tiene la bondad de Dios. Nombre de dos judíos, padre e hijo, que por su fidelidad a Dios recibieron innumerables beneficios.
Tomás (Hebreo). El hermano gemelo. Forma femenina: Tomasa.
Torcuato (Latino). El victorioso que porta un collar de guirnaldas.
Toribio (Griego). El artesano que hace los arcos.
Traful (Mapuche). Unión.
Tristán (Latino). El nostálgico. Forma femenina: Tristana.
Troilo (Griego). Nacido en Troya.
Tulio (Latino). Enaltecido y alabado. Forma femenina: Tulia.
Túpac (Quechua). El Señor.

Ubaldo (Germano). De espíritu audaz e inteligente.

Ulises (Latino). El irritado.

Ulpio (Latino). Variante de Vulpiano.

Ulrico (Germano). Es noble como un rey.

Urbano (Latino). Aquel que es cortés y educado.

Uriel (Hebreo). Dios es mi luz. Forma femenina: Uriel. *Este nombre debe estar acompañado por otro nombre para indicar con claridad el sexo de la persona.*

Uziel (Hebreo). La fuerza de Dios.

Valdemar (Germano). Aquel que tiene fama por su poder.

Valentín (Latino). Sano y vigoroso. Forma femenina: Valentina.

Valentino. Variante de Valentín.

Valeriano. Variante de Valerio y éste a su vez de Valentín.

Valerio. Variante de Valentín. Forma femenina: Valeria.

Venancio (Latino). El cazador.

Vicente (Latino). Aquel que venció y es victorioso. Forma femenina: Vicenta.

Víctor. Variante de Vicente.

Victoriano Variante de Víctor y éste a su vez de Vicente.

Victorino (Latino). Que pertenece a Víctor y éste a su vez variante de Vicente.

Vinicio (Latino). Aquel que está naciendo.

Virgilio (Latino). El que posee lozanía.

Vital (Latino). El que es joven y fuerte. Forma femenina: Vital. *Este nombre debe estar acompañado por otro nombre para indicar con claridad el sexo de la persona.*

Vito (Latino). Lleno de alegría y vida.

Viviano (Celta). El pequeño. Forma femenina: Viviana.

Vladimir (Eslavo). El príncipe de la paz. Forma femenina: Vladimir. *Este nombre debe estar acompañado por otro nombre para indicar con claridad el sexo de la persona.*

Vladimiro. Variante de Vladimir.

Walberto (Germano). Resplandece por el poder.
Waldemar. Variante de Valdemar.
Waldo (Germano). El hombre de espíritu audaz.
Walfredo (Germano). El caudillo pacificador.
Walter (Germano). El que comanda al ejército.
Wara (Quechua). Insignia del jefe.
Washington (Inglés). Proveniente de Wassins, nombre de una antigua población al noreste de Inglaterra.
Wayra (Quechua). Brisa, aire.
Wenceslao (Latino). El hombre con más gloria.
Werner (Germano). Héroe de su patria.
Wilfredo (Germano). Aquel que reina en paz.
William (Inglés). Variante de Guillermo.
Wilka (Quechua). Santo sagrado.
Wilson (Inglés). Hijo de William.
Wiñay (Quechua). Crecimiento.

Xavier. Variante de Javier.
Xóchtil (Azteca). La flor.

Yago. Variante de Jacobo y éste a su vez de Jacob.
Yamil (Árabe). Flor aromática. Forma femenina: Yamila.
Yerimen (Mapuche). Ágil.
Yunca (Quechua). Valle tropical, tierra caliente.
Yune (Mapuche). El principio.

Zacarías (Hebreo). El que es recordado por Dios.
Zaqueo (Hebreo). El inocente.
Zebedeo (Hebreo). Dios ha entregado.
Zelmar (Celta). El que es justo.
Zenón (Griego). El que desciende Zeus.
Zoilo (Griego). Lleno de vida. Forma femenina: Zoila.
Zósimo (Griego). El luchador.

Nombres femeninos

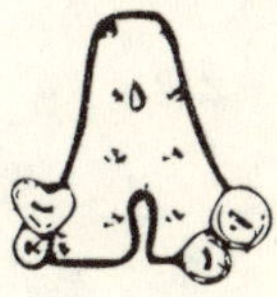

Abi (Hebreo). Variante de Abigail.

Abigail (Hebreo). Alegría del padre.

Abril (Latino). La que nace en primavera. Segundo mes del calendario romano. Forma masculina: Abril.

Ada (Hebreo). La que es bella.

Adabela Compuesto de Ada y Bella: la alegría y la belleza.

Adalia (Persa). La hija del fuego.

Adela (Germano). Variante de Adelaida.

Adelaida (Germano). De estirpe noble.

Adelia. Variante de Adelaida: la princesa real; de estirpe noble.

Adelina. Variante de Adelaida: la princesa real; de estirpe noble. Forma masculina: Adelino.

Adena (Hebreo). La delicada, la grácil.

Adoración (Latino). Nombre místico.

Adriana (Latino). Natural de Adria, ciudad de Italia que dio nombre al mar Adriático. La ciudad del mar; la mujer del mar. Forma masculina: Adrián.

Ágata. Traducción inglesa de Águeda: la sublime; la virtuosa.

Agostina. Variante de Agustina: la venerada.

Agripina (Latino). La descendiente de Agripa: miembro de una ilustre familia romana.

Agustina (Latino). La venerada. Forma masculina: Agustín.

Aída (Latino). La que es de buen linaje.

Ailén (Mapuche). La brasa.

Ailín (Mapuche). La que es clara y transparente.

Aimé (Mapuche). Lo que significa algo, un poco.

Ainée (Celta). Capricho bonito.

Aixa (Árabe). La elegida por el máximo.

Alana (Celta). La que posee armonía.

Alba (Latino). Blanca y radiante como la aurora.

Albana (Latino). Radiante como la aurora.

Albertina (Germano). Que resplandece por su nobleza.
Forma masculina: Alberto.

Albina (Latino). Que tiene la cara clara. Forma masculina: Albino.

Alcira (Germano). El atavío de la hermosura.

Alda (Celta). La más bella y experimentada. Forma masculina: Aldo.

Aldana (Celta). Variante de Alda.

Alegra (Latino). La llena de ardor.

Alejandra (Griego). La que es protectora. Forma masculina: Alejandro.

Alejandrina. Diminutivo de Alejandra.

Alexandra. Variante de Alejandra.

Alexia (Griego). La que defiende y protege. Forma masculina: Alexis.

Alfonsina (Germano). La que esta lista para combatir. Forma masculina: Alfonso.

Alicia. Derivado de Adelaida.

Alida. Variante de Elida.

Alide. Variante gráfica de Alida y ésta, a su vez de Elida.

Alidia. Variante gráfica de Alida y ésta, a su vez de Elida.

Alina. Contracción de Adelina y ésta a su vez de Adelaida. También es considerado como un derivado de Elina.

Alma (Latino). La bondadosa.

Almira (Árabe). La princesa.

Almudena (Español). La que vive en la ciudad.

Altair (Árabe). Estrella de la constelación del Águila.

Amada (Latino). La que es amada. Forma masculina: Amado.

Amadis (Latino). El gran amor. Forma masculina: Amadis. *Este nombre debe estar acompañado por otro nombre para indicar con claridad el sexo de la persona.*

Amalia (Germano). La despreocupada. Forma masculina: Amalio.

Amancai. En Chile y la Argentina, planta de flores amarillas y naranjas.

Amanda (Latino). La que debe ser amada. Forma masculina: Amando.

Amapola (Árabe). La flor del vergel.

Amaranta (Griego). La que nunca se marchita. Forma masculina: Amaranto.

Amaru (Quechua). La serpiente sagrada. Forma masculina: Amaru. *Este nombre debe estar acompañado por otro nombre para indicar con claridad el sexo de la persona.*

Amaya (Aymará). Hijo muy querido.

Ambrosia o **Ambrosía** (Griego). Manjar de los dioses. Forma masculina: Ambrosio.

Amelia (Germano). La mujer enérgica y activa.

América (Germano). La princesa activa. Forma masculina: Américo.

Amira (Árabe). La princesa.

Amparo (Latino). La que cobija y defiende.

Amuillán (Mapuche). Mujer de gran corazón.

Ana (Hebreo). La llena de gracia.

Anabel o **Anabella** o **Anabela.** Adaptación castellana de *Annabel*, nombre de origen escocés.

Anahí (Guaraní). Ceibo.

Anais (Francés). Variante de Ana.

Analía. Compuesto de Ana (la llena de gracia) y Lía (la fatigada).

Anastasia (Griego). La que resucitó. Forma masculina: Anastasio.

Andrea (Griego). La mujer valiente y apuesta. Forma masculina: Andrés.

Andrómaca (Griego). La que combate como un hombre.

Anelina. Contracción de Ana (la llena de gracia) y Elina (la aurora).

Anelisa. Contracción de Ana (la llena de gracia) y Elisa (la que ha sido consagrada a Dios).

Ángela. (Griego). La enviada de Dios. Forma masculina: Ángel.

Ángeles. Advocación de la Virgen.

Angélica. Derivado de Ángela.

Angelina. Derivado de Ángela.

Ania (Griego). La afligida. Forma masculina: Aniano.

Anillang (Mapuche). Mujer decidida y audaz.

Antígona (Griego). Opuesta a su raza.

Antonella. Versión italiana de Antonia.

Antonia (Griego). Hermosa como una flor. Forma masculina: Antonio.

Antonieta. Derivado de Antonia.

Antonina. Derivado de Antonia. Forma masculina: Antonino.

Anunciación (Español). Evoca a la Virgen a quien se le anuncia que fue elegida madre de Dios.

Arabela (Latino). El altar hermoso.

Araceli (Latino). El altar celestial.

Arcadia (Latino). La mujer venturosa. Forma masculina: Arcadio.

Arcángela (Griego). La princesa de todos los ángeles. Forma masculina: Arcángel.

Argentina (Latino). Que brilla como la plata. Forma masculina: Argentino.

Ariadna (Griego). La mujer muy santa.

Ariana. Variante gráfica de Ariadna.

Ariela (Hebreo). La pequeña leona de Dios. Forma masculina: Ariel.

Armanda (Germano). La guerrera. Forma masculina: Armando.

Arminda. Variante de Armanda.

Artemis o **Artemisa** (Griego). Nombre de la mitología griega. Divinidad que personificaba la luz lunar.

Adorada, con el nombre de Diana, por los romanos. Era la diosa de la caza y de la castidad.

Astrid (Germano). La querida por los dioses.

Asunción (Español). La que fue llevada al cielo.

Asunta. Traducción italiana de Asunción.

Atenea (Griego). Diosa de la sabiduría, de las ciencias, las artes y la guerra, en la mitología griega. Adorada, con el nombre de Minerva, por los romanos.

Atica (Griego). La ateniense.

Auda (Latino). La valiente. Forma masculina: Auda. *Este nombre debe estar acompañado por otro nombre para indicar con claridad el sexo de la persona.*

Áurea (Latino). La que tiene el valor del oro.

Aurelia (Latino). Variación de Áurea. Forma masculina: Aurelio.

Aurora (Latino). La brillante y resplandeciente.

Aheleen o **Ayelén** (Mapuche). La que posee alegría.

Ayinhual (Mapuche). Mujer amorosa y generosa.

Aymará (Aymará). Nombre del pueblo y de la lengua del sur andino.

Azucena (Árabe). Madre admirable.

Azul (Persa). Del color del cielo. Forma masculina: Azul. *Este nombre debe estar acompañado por otro nombre para indicar con claridad el sexo de la persona.*

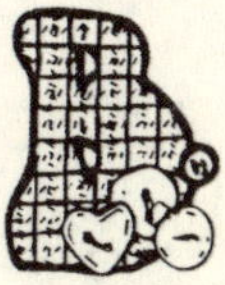

Bárbara (Griego). La extranjera.

Beata (Latino). La bienaventurada.

Beatriz (Latino). Que trae la alegría.

Begonia. Variante de Begoña.

Begoña (Vasco). El lugar del cerro dominante. Nombre que dan los vascos a la Virgen.

Belén (Hebreo). Casa del pan. *Este nombre debe estar acompañado por otro nombre para indicar con claridad el sexo de la persona.*

Belinda (Latino). La colmada de gracia.

Belisa (Latino). La más esbelta.

Bella (Hebreo). La belleza.

Benedicta (Latino). Bendecida por Dios. Forma masculina: Benedicto.

Benigna (Latino). La pródiga. Forma masculina: Benigno.

Benita. Contracción gráfica de Benedicta. Forma masculina: Benito.

Berenice (Griego). La que trae la victoria.

Bernabela (Hebreo). Forma masculina: Bernabé: el hijo de la profecía.

Bernadette. Traducción francesa de Bernardita.

Bernarda (Germano). Audaz como un oso. Forma masculina: Bernardo.

Bernardita (Germano). Derivado de Bernarda.

Berta (Germano). La ilustre, la brillante.

Betania (Hebreo). La casa del pobre.

Betiana Variante de Isabel.

Betsabé o Bethsabé (Hebreo). La séptima hija.

Bettina. Variante gráfica de Betina y éste a su vez variante de Isabel.

Bianca. Forma italiana de Blanca. Nombre que hace referencia al color de la piel.

Bibiana. Variante gráfica de Viviana.

Biblis (Latino). La golondrina.

Blanca. Nombre que hace referencia al color de la piel.

Brenda (Inglés). La espada.

Brígida (Celta). La que es victoriosa.

Bruna (Latino). La de piel morena. Forma masculina: Bruno.

Brunilda (Germano). Coraza en la batalla.

Calíope (Griego). La de hermosa voz.

Calfuray (Mapuche). Flor azul.

Camelia (Latino). Nombre que hace alusión a esa flor.

Camila (Latino). La que está presente en Dios. Forma masculina: Camilo.

Candela. Variante de Candelaria.

Candelaria (Latino). La que resplandece e ilumina.

Cándida (Latino). La pura e inmaculada. Forma masculina: Cándido.

Canela (Latino). Nombre de una planta aromática de cuya corteza seca se obtiene el condimento.

Caridad (Latino). Una de las tres virtudes teologales.

Carina (Latino). La muy amada.

Carla (Germano). La muy vigorosa. Forma masculina: Carlos.

Carlina. Variante de Carla.

Carlota. Variante de Carla.

Carmela (Hebreo). El jardín florido. Forma masculina: Carmelo.

Carmen (Hebreo). Nombre inspirado por el monte Carmelo *(Karmel)*, en Galilea, en el actual Israel.

Carmiña. Diminutivo de Carmen.

Carol. Variante de Carla.

Carola. Variante de Carla.

Carolina. Variante de Carla.

Casandra (Griego). La hermana de los héroes. Nombre masculino: Casandro.

Casiana (Latino). La que usa armadura. Forma masculina: Casiano.

Casilda (Árabe). La virgen que va armada. Forma masculina: Casildo.

Catalina (Griego). La de casta pura.

Caterina. Variante de Catalina.

Cayetana (Latino). Que proviene de Gaeta, ciudad del Lacio (región de Italia). Forma masculina: Cayetano.

Cecilia (Latino). La pequeña ciega. Forma masculina: Cecilio.

Celedonia o **Celidonia** (Latino). La que es hermosa como una golondrina. Forma masculina: Celedonio.

Celeste (Latino). La que pertenece a lo celestial.

Celestina (Latino). La que vive en el cielo. Forma masculina: Celestino.

Celia (Latino). La que vive en el cielo. Forma masculina: Celio.

Celina (Latino). La que viene del cielo.

Celinda (Griego). La que da ánimo.

Ceimira (Árabe). La que brilla.

Ceisa (Latino). Que habita en las alturas. Forma masculina: Celso.

Cesaria (Latino). Forma masculina: de Cesario y éste a su vez variante de César. (Ver César en “Nombres masculinos”).

Cesira (Latino). Forma masculina: César. (Ver César en "Nombres masculinos").

Cibeles (Griego). Divinidad identificada con Rea, madre de los dioses. Simboliza el principio femenino y la fuente de vida. También simboliza a la Tierra.

Cielo (Latino). La celestial.

Cinthia (Griego). La que está ligada a Dios.

Cinthya Variante gráfica de Cinthia.

Cintia. Variante gráfica de Cinthia.

Cira (Griego). La gran señora. Forma masculina: Ciro.

Circe (Griego). En la mitología griega, maga que vivía en la isla de Eea.

Cirenia o **Cirinea** (Griego). La de Cirene, antigua ciudad de la provincia de Cirenaica, actual Libia. Forma masculina: Cirineo.

Cirila. Diminutivo de Cira. Forma masculina: Cirilo.

Clara (Latino). La límpida, la diáfana.

Clarisa Derivado de Clara.

Claudia (Latino). La que es renga. Forma masculina: Claudio.

Claudina Diminutivo de Claudia.

Clelia (Latino). La gloriosa, sublime.

Clemencia (Latino). La compasiva. Forma masculina: Clemente.

Clementina. Derivado de Clemencia.

Cleofé (Griego). La que ve la gloria.

Cleopatra (Griego). La gloria de sus padres y de su tierra.

Clío (Griego). La célebre, la famosa. Musa de la Historia.

Cloe (Griego). La que es tierna como la hierba.

Clorinda (Griego). La vital, la saludable. Forma masculina: Clorindo.

Clotilde (Germano). La hija del caudillo.

Concepción (Latino). La que concibe. Recuerda la Inmaculada Concepción de María Santísima.

Concordia (Latina). La que trae la paz.

Constancia (Latino). La fiel, la que persevera. Forma masculina: Constancio.

Constanza. Variante de Constancia.

Consuelo (Latino). El refugio de los afligidos.

Cora (Griego). La virgen, la doncella.

Coral (Griego). La piedrita.

Coralia (Griego). La doncella.

Cordelia (Latino). La de corazón pequeño.

Corina (Griego). La joven doncella.

Cornelia (Latino). La que llama a la batalla tocando el cuerno.

Covadonga. Advocación española de la Virgen María, en Asturias.

Cristel. Variante de Cristina.

Cristela.Variante de Cristina.

Cristina (Latino). La de claro pensamiento; la adepta del Señor.

Cruz (Latino). Remite a la crucifixión de Cristo. Forma masculina: Cruz. *Este nombre debe estar acompañado por otro nombre para indicar con claridad el sexo de la persona.*

Cynthia. Variante gráfica de Cinthia.

Cyntia. Variante gráfica de Cinthia.

Dacia (Latino). La que vive en Dacia, antigua región del Imperio romano, actualmente territorio de Rumania. Forma masculina: Dacio.

Dafne (Griego). El árbol de laurel.

Daiana. Variante gráfica de Diana.

Daira (Griego). La llena de sabiduría.

Dalia (Germano). La que habita en el valle.

Dalila (Hebreo). La delicada, la tierna.

Dalinda. Variación de "Delia".

Dalma. Apócope de Dalmacia.

Dalmacia (Latino). La que vino de Dalmacia, región de los Balcanes. Forma masculina: Dalmacio.

Dalmira (Germano). La que es ilustre por su linaje. Forma masculina: Dalmiro.

Damasia (Griego). La domadora. Forma masculina: Dámaso.

Damiana (Griego). La que surgió del pueblo. Forma masculina: Damián.

Dana (Hebreo). La que juzga.

Dánae (Griego). En la mitología griega, madre del héroe Perseo y princesa de Argos.

Daniela (Hebreo). La que es juzgada por Dios. Forma masculina: Daniel.

Danila. Variante de Daniela.
Daría (Persa). La protectora. Forma masculina: Darío.
de Aranzazu
de Fátima
de Luján
del Carmen
del Corazón de Jesús
del Milagro
del Pilar
del Rosario
del Sagrado Corazón
del Socorro
del Valle
de la Cruz
de la Paz
de las Mercedes
de las Nieves
de los Ángeles
de los Milagros
Los nombres que comienzan con de *y* del *van precedidos por otros que indican el sexo, por ejemplo:* María de la Paz *o* José de la Cruz.
Débora (Hebreo). La abeja.
Déborah. Variante gráfica de Débora.
Debra. Variante gráfica de Débora.
Deidamia (Griego). La que combate con paciencia.
Delfina (Latino). La juguetona. Forma masculina: Delfín.
Delia (Griego). La divina. Sobrenombre de la diosa Artemisa, quien según la leyenda nació en la isla de Delos, isla griega en el mar Egeo.

Delicia (Latino). Delicia, gozo.
Delma. Variante de Edelmira.
Denise. Forma femenina: de Denis y éste a su vez forma francesa de Dionisio.
Deolinda. Variante de Teodolinda: la que es amable con su gente.
Desdémona (Griego). La desdichada, la desposeída.
Desirée. Forma femenina francesa de Desiderio.
Diamela. Nombre de la flor.
Diana (Griego). La colmada por la divinidad.
Dimpna (Irlandés). La cierva pequeña.
Dina. Variante de Daniela.
Dinora (Arameo). La luz.
Dinorah. Variante gráfica de Dinora.
Diomira Variante de Teodomira.
Dionisia (Griego). La que se consagra a Dios en la adversidad. Forma masculina: Dionisio.
Divina. Nombre que alude a la Divina Providencia.
Dolores (Latino). La que es sensible.
Domiciana (Latino). La que es mansa. Forma masculina: Domiciano.
Dominga (Latino). La que pertenece al Señor. Forma masculina: Domingo.
Dominica (Latino). La que pertenece al Señor.
Dominique. Versión francesa de Dominica.
Domitila (Latino). La que ama su casa.
Dora (Griego). Derivado de Dorotea.
Doralisa. Compuesto de Dora (el regalo de Dios) y Elisa (la que ha sido consagrada a Dios).
Dorana. Compuesto de Dora (el regalo de Dios) y Ana (la llena de gracia).
Dorelia. Nombre compuesto de Dora (el regalo de Dios) y Delia (la divina).
Dorina (Griego). Derivado de Dorotea.
Doris (Griego). Derivado de Dorotea.
Dorotea (Griego). El regalo de Dios. Forma masculina: Doroteo.
Dulce (Latino). Dulce. *Este nombre debe estar acompañado por otro nombre para indicar con claridad el sexo de la persona.*
Dulcinea (Latino). La que tiene dulzura.

Eber. (Hebreo). La del más allá. *Este nombre debe estar acompañado por otro nombre para indicar con claridad el sexo de la persona.*

Eda (Germano). Que es feliz y saludable.

Edda (Germano). Variante de Eda.

Edelia (Griego). Que es como una estatua.

Edelira. Variante de Edelmira.

Edelma. Apócope de Edelmira.

Edelmira (Germano). Célebre por su nobleza. Forma masculina: Edelmiro.

Edgarda (Germano). Que defiende lo suyo con la lanza. Forma masculina: Edgardo.

Edilia. Variante de Edelia.

Edit. Variante gráfica de Edith.

Edith (Germano). La que es rica y poderosa.

Edna (Hebreo). La que rejuvenece.

Eduarda (Germano). La que cuida sus posesiones. Forma masculina: Eduardo.

Edurne (Vasco). La nieve.

Eduvigis (Germano). La luchadora.

Egle (Griego). La esplendorosa.

Ela (Germano). La noble.

Eladia (Griego). La griega. Forma masculina: Eladio.

Elba (Celta). La que viene de lo alto.

Elcira (Germano). La que es como un noble adorno.

Elda (Germano). La que lucha.

Electra (Griego). La que es rubia como el ámbar.

Elena (Griego). La que es bella como el resplandor del sol.

Eleodora (Griego). La que vino del Sol. Forma masculina: Eleodoro.

Eleonor. Variante de Eleonora.

Eleonora (Hebreo). Dios es mi luz.

Elia (Griego). La que es como el Sol.

Eliana. Variante de Elia.

Eliane. Variante de Elia.

Elida (Griego). Que proviene de *Elida,* región del Peloponeso (Grecia), donde se celebraban los Juegos Olímpicos. Forma masculina: Elido.

Elide. Variante gráfica de Elida.

Elin. Variante de Elina.

Elina (Griego). La aurora.

Elisa (Hebreo). La que ha sido consagrada a Dios.

Elisabet. Variante inglesa de Elisa (la que ha sido consagrada a Dios) o Isabel (la que ama a Dios).

Elisabeth. Variante de Elisabet.

Elisea (Hebreo). Aquella a la que Dios cuida la salud. Forma masculina: Eliseo.

Elizabeth. Variante de Elisabet.

Elma. Apócope de Guillermina.

Elodia (Germano). La más rica de la zona.

Eloisa (Germano). La guerrera famosa.

Elpidia (Griego). Que tiene esperanzas. Forma masculina: Elpidio.

Elsa. Variante de Elisa (la que ha sido consagrada a Dios) o Isabel (la que ama a Dios).

Elvia (Latino). La de cabellos rubios. Forma masculina: Elvio.

Eivina. Variante de Elvia.

Ema (Germano). Derivado de Irma.

Emelina (Germano). Derivado de Irma.

Emilia (Latino). La trabajadora audaz. Forma masculina: Emilio.

Emma. Variante gráfica de Ema y éste a su vez derivado de Irma.

Emperatriz (Latino). La soberana.

Ena. Variante femenina de Ernesto.

Encarnación. Alude al misterio de la Biblia.

Engracia (Latino). La que tiene la gracia del Señor.

Enrica (Germano). La princesa de su hogar. Forma masculina: Enrique.

Enriqueta. Variante de Enrica. Forma masculina: Enrique.

Ercilia. Variante de Hersilia.

Erica (Germano). La princesa que rige eternamente. Forma masculina: Erico.

Erlinda. Apócope de Ermelinda.

Ernestina (Germano). La que lucha con seriedad. Forma masculina: Ernesto.

Ervina (Germano). La que es consecuente con los honores. Forma masculina: Erwin.

Escolástica (Latino). La que sabe mucho y enseña.

Esmeralda (Griego). La que irradia pureza y esperanza como el color verde.

Esperanza (Latino). La que confía en Dios.
Estefanía (Griego). La coronada por la victoria. Forma masculina: Esteban.
Estela (Latino). La estrella del alba.
Ester (Hebreo). La estrella del alba.
Esther. Variante gráfica de Ester.
Estrella (Latino). La que es bella y virtuosa.
Etel. Variante de Etelvina.
Etelinda (Germano). La noble que protege a su pueblo.
Etelvina (Germano). La amiga fiel y noble.
Ethel. Variante gráfica de Etel y éste a su vez de Etelvina.
Eufrasia (Griego). La que es muy alegre.
Eugenia (Griego). La de noble nacimiento. Forma masculina: Eugenio.
Eulalia (Griego). La que es elocuente al hablar. Forma masculina: Eulalio.
Eulogia (Griego). La buena oradora. Forma masculina: Eulogio.
Eurídice (Griego). La que da ejemplo con su justicia.
Eusebia (Griego). La respetuosa y piadosa. Forma masculina: Eusebio.
Eva (Hebreo). La que da vida.
Evangelina (Griego). Que trae la buena nueva. Forma masculina: Evangelino.
Evelia (Griego). La alegre. Forma masculina: Evelio.
Evelina. Variante de Eva.
Evelin. Variante de Eva.
Evelyn. Variante de Eva.
Expectación (Latino). Fiesta católica española.

F

Fabia (Latino). Que cultiva las habas. Forma masculina: Fabio.
Fabiana. Derivado de Fabia. Forma masculina: Fabián.
Fabiola. Diminutivo de Fabia.
Fanny. Diminutivo de Francisca.
Fara (Persa). Nombre de una antigua ciudad mesopotámica.
Fátima (Árabe). La que desteta a los niños.
Fe (Latino). La que cree en Dios.
Febe (Latino). La resplandeciente. Forma masculina: Febo.

Federica (Germano). La pacifista. Forma masculina: Federico.

Fedora. Variante rusa de Teodora. Forma masculina: Fedor.

Fedra (Griego). La espléndida.

Felicia (Latino). La dichosa y afortunada. Forma masculina: Félix.

Felicitas. Variante de Felicia.

Felisa. Variante de Felicia.

Fernanda (Germano). La guerrera que lucha por la paz. Forma masculina: Fernando.

Fidela (Latino). La digna de confianza. Forma masculina: Fidel.

Filis (Griego). La que se adorna con hojas.

Filomena (Griego). La muy amada.

Fina. Derivado de Josefina y éste a su vez diminutivo de Josefa.

Fiorella (Italiano). Diminutivo de flor.

Flaminia (Latino). La que pertenece a la casta sacerdotal. Forma masculina: Flaminio.

Flavia (Latino). La que nace con los cabellos rubios. Forma masculina: Flavio.

Flaviana. Variante de Flavia.

Flor (Latino). La flor.

Flora (Latino). La que brota lozanamente. Forma masculina: Floro.

Florencia (Latino). La que es hermosa como una flor. Forma masculina: Florencio.

Florinda (Latino). La floreciente.

Fortuna (Latino). La oportunidad.

Fortunata (Latino). La próspera. Forma masculina: Fortunato.

Franca (Germano). Forma femenina: de Franco: el hombre libre.

Francisca (Latino). La que vino de Francia. Forma masculina: Francisco.

Freya (Eslavo). La diosa del amor.

Frida (Germano). La que lleva la paz.

Fulvia (Latino). La de cabellos rojos. Forma masculina: Fulvio.

Gabina (Latino). Que habita en Gabio, antigua ciudad cercana a Roma donde fue criado Rómulo, según la leyenda. Forma masculina: Gabino.

Gabriela (Hebreo). La que tiene la fuerza y el poder de Dios. Forma masculina: Gabriel.

Gala (Latino). La que viene de la Galia, antigua región que fue parte del Imperio Romano, (territorio actualmente comprendido por Francia, parte de los Países Bajos y parte de Alemania). Forma masculina: Galo.

Galatea (Griego). La que es blanca como la leche.

Galia. Variante gráfica de Gala.

Gardenia (Germano). Nombre de la flor.

Gea (Griego). La madre Tierra.

Gema (Latino). La que brilla como una piedra preciosa.

Gemma. Variante gráfica de Gema.

Genoveva (Galés). La que es blanca como la espuma del mar.

Georgia (Griego). La que trabaja bien el campo. Forma masculina: Jorge.

Georgina. Diminutivo de Georgia.

Geraldina (Germano). La que domina con su lanza. Forma masculina: Geraldo.

Geraldine. Variante gráfica de Geraldina.

Gertrudis (Germano). La lanza fiel.

Gilberta (Germano). La que lucha con su espada en la batalla y es hecha rehén. Forma masculina: Gilberto.

Gilda (Germano). La dispuesta al sacrificio.

Gimena. Variante gráfica de Jimena.

Gina. Diminutivo italiano de Luisa.

Ginebra (Galés). Blanca como la espuma del mar.

Gioconda (Latino). La alegre y festiva.

Gisela (Germano). La flecha.

Giselda. Variante de Gisela.

Giselle. Variante francesa de Gisela.

Gladis (Latino). Variante de Claudia.

Gladys. Variante gráfica de Gladis y éste a su vez de Claudia.

Glenda (Celta). El valle pequeño y fértil.

Gloria (Latino). Es la invocación a Dios.

Gracia (Latino). La que tiene encanto natural.

Graciana (Latino). La agradable. Forma masculina: Graciano.

Graciela. Diminutivo de Gracia: la que tiene encanto natural.

Gregorina (Latino). La que vigila sobre su grey. Forma masculina: Gregorio.

Greta (Germano). Diminutivo de Margarita.

Gretel. Variante de Greta y éste a su vez diminutivo de Margarita.

Grisel. Apócope de Griselda.

Griselda (Germano). La heroína. Simboliza la sumisión y la fidelidad al esposo.

Guadalupe (Árabe). Que viene del Valle de Lope (o donde habita el lobo).

Guendalina (Galés). La de blancas pestañas.

Guillermina (Germano). La que protege en firme voluntad. Forma masculina: Guillermo.

Hada (Latino). La que sigue el destino.
Halima (Árabe). La que sufre pacientemente.
Haydé o **Haydée** (Griego). La mujer sumisa y recatada.
Hebe (Griego). La de lozana juventud.
Heda (Germano). La guerrera.
Heidi .Variante de Heda.
Helena. Variante gráfica de Elena.
Helga. Variante de Olga.
Heli. Apócope de Heliana.
Heliana (Griego). La que se ofrece a Dios.
Heloisa. Variante gráfica de Eloisa.
Helvecia (Latino). Los helvecios (antiguos habitantes de Suiza).
Hermilda (Germano). La batalla de la fuerza.
Herminda (Griego). La que anuncia.
Herminia (Germano). La consagrada a Dios. Forma masculina: Herminio.
Hermione (Griego). La que anuncia.
Hersilia (Griego). La que es tierna y delicada.
Hilaria (Latino). La que es alegre. Forma masculina: Hilario.
Hilda (Germano). La heroína en la lucha.
Hildegarda (Germano). La vigía de la lucha.
Hildegunda (Germano). La heroína de la batalla.
Hipólita (Griego). La que desata su caballo para aprestarse al combate. Forma masculina: Hipólito. En la mitología griega, reina de las amazonas, vencida por Hércules.
Honorata (Latino). La que recibe honores. Forma masculina: Honorato.
Honoria (Latino). La que merece honores. Forma masculina: Honorio.
Honorina (Latino). La que merece altos honores.
Hortensia (Latino). La que cuida con amor de su huerto. Forma masculina: Hortensio.
Huanquyí (Mapuche). Heralda.
Hullen (Mapuche). Primavera.

Ianina. Variante de Giannina, diminutivo Italiano de Juana.
Iara (Tupí). La señora.
Iciar . Advocación vasca de la Virgen María.
Ida (Germano). La diligente y laboriosa.
Idalina. Diminutivo de Ida.
Idara (Latino). La mujer prevenida.
Idelia (Germano). La noble.
Ifigenia (Griego). La mujer fuerte.
Ignacia (Latino). La que es ardiente y fogosa. Forma masculina: Ignacio.
Ilchahueque (Mapuche). Mujer joven.
Ildegunda (Germano). La que combate en la lucha.
Ileana. Variante rumana de Elena.
Iliana. Variante gráfica de Ileana y ésta, a su vez, variante de Elena.
Ilona. Variante húngara de Elena.
Imelda (Germano). La que es fuerte y poderosa para la lucha.
Imperio (Latino). La que gobierna.
Indiana (Griego). Perteneciente a las indias.
Inés (Griego). La pura y casta.
Inmaculada (Latino). La que no tiene mancha en su honor.
Irene (Griego). La amante de la paz.
Iris (Griego). La de hermosos colores.
Ipi (Mapuche). Mujer cuidadosa.
Isabel (Hebreo). Juramento de Dios.
Isaura (Griego). La que viene de Asia Menor.
Iselda (Germano). La que es fiel. Variante de Gisela.
Isis (Griego). Nombre de una antigua divinidad.
Isolda (Germano). La que gobierna con mano de hierro.
Isolina (Latino). Diminutivo italiano de Isolda.
Itatí (Guaraní). Pueblo de la provincia argentina de Corrientes, donde se levanta un santuario en honor de Nuestra Señora de Itatí.
Ivonne (Latino). Variante francesa de Ivome.

Jacqueline . Variante francesa de Jaquelina.
Jacinta (Griego). La que es como la flor del jacinto. Forma masculina: Jacinto.
Jael (Hebreo). La que es como una cabra montés.
Jamila (Árabe). La bella.
Jaquelina (Hebreo). La que suplantó a su hermano. Equivalentes masculinos: Jacob, Jacobo, Jacques, Jaime, Santiago, Diego.
Javiera (Vasco). La de la casa nueva. Forma masculina: Javier.
Jazmín(Persa). La flor fragante.
Jeannette. Variante francesa de Juana.
Jennifer (Celta). Espíritu blanco. (Nombre vinculado con Genoveva y Ginebra).
Jésica (Eslavo). La hija de Jessa (diosa eslava).
Jesusa (Hebreo). Forma femenina de Jesús: el Salvador.
Jezabel (Hebreo). El juramento a Dios.
Jimena (Hebreo). La que me ha escuchado.
Joana. Variante de Juana.
Johanna. Variante de Juana.
Jordana (Hebreo). La que desciende. Forma masculina: Jordán.
Jorgelina (Griego). La que labra bien el campo. Forma masculina: Jorge.
Josefa (Hebreo). La engrandecida por Dios. Forma masculina: José.
Josefina. Diminutivo de Josefa.
Jovita (Latino). La que desciende de Júpiter.
Juana (Hebreo). La llena de gracia de Dios. Forma masculina: Juan.
Judith (Hebreo). La alabanza de Dios.
Julia (Latino). La que tiene el cabello crespo. Forma masculina: Julio.
Juliana. Variante de Julia. Forma masculina: Julián.
Julieta (Latino). Diminutivo de Julia.
Juno (Latino). La que es joven.
Justa (Latino). La que sigue las leyes de Dios. Forma masculina: Justo.
Justina. Diminutivo de Justa. Forma masculina: Justino.

Karen. Variante danesa de Catalina.
Karin. Variante gráfica de Karen y éste a su vez de Catalina.
Karina. Variante sueca de Catalina.
Keila. Variante gráfica de Leila.

Laila (Griego). La que es bella.
Lais (Griego). La que es amable.
Lara (Latino). Nombre de una de las más antiguas y célebres familias de Castilla.
Laura (Latino). La victoriosa. Forma masculina: Lauro.
Laureana. Variante de Laura: la victoriosa. Forma masculina: Laureano.
Lavinia (Latino). La mujer de Roma.
Lea (Hebreo). Variante de Lía.
Leandra (Griego). Femenino de Leandro.
Leda (Griego). La que es una dama.
Lefitray (Mapuche). Sonido.
Leila (Árabe). La que es hermosa como la noche.
Lelia (Latino). La que es locuaz. Forma masculina: Lelio.
Lena. Variante de Magdalena.
Leonarda (Latino). Brava como un león. Forma masculina: Leonardo.
Leonela. Variante de Leonilda. Formas masculinas: Leonel, Leonelo.
Leonilda (Germano). La que lucha como un león.
Leonor. Variante de Eleonora.
Leonora. Variante de Leonor y éste a su vez de Eleonora.
Leticia (Latino). La que lleva alegría.
Lía (Griego). La fatigada.
Liana. Variante de Juliana y éste a su vez de Julia.
Liberata (Latino). La amante de su libertad. Forma masculina: Liberato.
Libertad (Latino). La libertad.
Libia (Latino). La que nació en un lugar seco.
Liboria (Latino). La que es natural de Líbor, nombre de varias antiguas ciudades de España y Portugal. Forma masculina: Liborio.
Licia. Variante de Lucía.
Lida. Variante de Lidia.

Lidia (Latino). La que vino de Asia Menor.

Ligia (Griego). La melodiosa.

Lila (Persa). La de color azulado.

Lilia (Latino). La que es pura como un lirio.

Lilian. Variante de Lilia.

Liliana. Variante de Lilia.

Lina (Latino). La que teje el lino. Forma masculina: Lino.

Linda (Germano). Abreviatura de nombres como Belinda (la colmada de gracia), Teodolinda (la que es amable con su gente), Gundelinda (la piadosa en la batalla).

Lis (Latino). La que es hermosa como el lirio.

Lisa. Variante de Elisa.

Livia (Latino). La de color verde oliva. Forma masculina: Livio.

Liza. Variante de Elisa.

Lola. Diminutivo de Dolores.

Loreley (Germano). Nombre de una roca alta que se eleva sobre el río Rhin, origen de numerosas leyendas. Entre ellas, la de Ondina, hechicera que provoca el naufragio de los barcos.

Lorena (Francés). La que viene de la región de Lorena, antigua región de Europa Central que actualmente pertenece a Francia.

Lorenza (Latino). La victoriosa. Forma masculina: Lorenzo.

Loreta. Variante de Loreto.

Loreto (Latino). Advocación de la virgen venerada en la basílica de Nuestra Señora de Loreto, ciudad de la provincia de Ancona en Italia.

Lourdes (Francés). Advocación de la virgen que apareció en esa localidad, ubicada en una región de Europa Central que actualmente pertenece a Francia.

Lucero (Latino). La que lleva la luz.

Lucía (Latino). La que nació a la luz del día.

Luciana. Variante de Lucía. Forma masculina: Luciano.

Lucila. Variante de Lucía.

Lucina (Latino). La que ayuda a dar a luz.

Lucrecia (Latino). La que siendo casta trae provecho.

Lucy. Variante inglesa de Lucía.

Ludmila (Eslavo). La amada por el pueblo.

Ludovica. Variante de Luisa. Forma masculina: Ludovico.

Luisa (Germano). Famosa en la guerra. Forma masculina: Luis.

Luisina (Germano). La guerrera famosa.

Luján. Advocación de la Virgen de Luján, ciudad de la provincia de Buenos Aires, famosa por su basílica.

Lupe. Diminutivo de Guadalupe.

Luz. Advocación de la presencia de Dios.

Lydia. Variante gráfica de Lidia.

Mabel. Nombre procedente del inglés, derivado del latín. La adorable y amable.

Macarena. Advocación sevillana de la Virgen María.

Mafalda. Variante de Matilde.

Magalí. Variante provenzal de Margarita.

Magda. Variante abreviada de Magadalena.

Magdalena (Hebreo). La torre.

Maia (Griego). La maternal.

Maida. Variante de Magdalena.

Mailena. Variante de Maite y éste a su vez combinación de María y Teresa.

Maira (Latino). La maravillosa.

Maite. Nombre formado a partir de María y Teresa (la cazadora).

Malen (Mapuche). Doncella.

Malena. Apócope de Magdalena.

Malisa. Nombre formado a partir de María y Elisa (la que ha sido consagrada a Dios) o variante de Melisa: la que es dulce como la miel.

Malvina (Germano). La que conversa mucho.

Manuela (Hebreo). Dios está con nosotros. Forma masculina: Manuel.

Mara (Hebreo). La amargura.

Marcela (Latino). Forma femenina: de Marcelo y éste a su vez diminutivo de Marcos.

Marcelina. Forma femenina de Marcelino, variante de Marcelo y por lo tanto, de Marcos.

Marcia (Latino). La consagrada a Marte.

Margarita (Latino). La hermosa como las perlas.

María (Latino, del hebreo *Miriam)*. Tiene varios significados: 1) la elegida; 2) la señora; 3) la estrella del mar.

Marian. Variante de Mariana.
Mariana. Contracción de María y Ana (la llena de gracia).
Marianela. Diminutivo de Mariana.
Mariángeles. Contracción de María y Ángeles.
Maribel. Contracción de María Isabel.
Maricruz. Combinación de María y Cruz (referido a la crucifixión de Cristo).
Marilda (Germano). La famosa.
Marilina. Combinación de María y Elina.
Marilú. Combinación de María y Luz.
Marina (Latino). La que ama el mar.
Marión. Variante de María.
Marisa. Contracción de María Luisa.
Marisabel. Combinación de María e Isabel.
Marisol. Contracción de María del Sol.
Marlene. Combinación de María y Elena.
Marta (Hebreo). La reina del hogar.
Martha. Variante gráfica de Marta.
Martina. Variante de Marcia.
Martirio. Nombre místico; testigo, mártir.
Marysol. Variante de Marisol y éste a su vez contracción de María del Sol.
Matilde (Germano). La virgen poderosa de la guerra.
Maura (Latino). La de piel morena. Forma masculina: Mauro.

Máxima (Latino). La grande. Forma masculina: Máximo.
Maximiliana (Latino). La mayor de todas. Forma masculina: Maximiliano.
Maya. Variante de Maia.
Medea (Griego). La pensativa.
Melanie. Variación de Melania.
Melinda (Griego). La que canta armoniosamente.
Melisa (Griego). La que es dulce como la miel.
Mercedes (Latino). La recompensa. Advocación de la Virgen de la Merced o Mercedes.
Micaela (Hebreo). Femenino de Miguel.

Micol (Hebreo). La reina.

Michelle. Forma francesa de Micaela y éste a su vez femenino de Miguel. Forma masculina: Michel.

Milagros. Advocación de la Virgen.

Mildred (Germano). La gentil consejera.

Milena (Hebreo). Variante de Magdalena.

Minerva (Latino). La llena de sabiduría.

Miranda (Latino). La que es maravillosa.

Mireya (Provenzal). La maravilla.

Miriam (Hebreo). Forma hebrea de María.

Mirna (Griego). La que sufre padecimientos.

Mirta (Griego). La corona que da belleza.

Mirtha. Variante gráfica de Mirta.

Modesta (Latino). La moderada en sus actos. Forma masculina: Modesto.

Moira (Celta). Variación del antiguo nombre Irlandés de la Virgen María.

Mona (Irlandés). La noble.

Mónica (Griego). La que ama la soledad.

Monserrat (Catalán). Advocación catalana de la Virgen María.

Morgana (Celta). La mujer del mar.

Munira (Árabe). La que es fuente de luz.

Muriel (Irlandés). La obligada y reconocida.

Myriam. Variante gráfica de Miriam.

Myrna (Griego). La que es suave como el buen perfume.

Nadia (Árabe). La llamada por Dios.

Nadina (Eslavo). La que mantiene la esperanza.

Nahir (Árabe). La que es como el arroyo manso.

Nana. Variante de Ana.

Nancy. Diminutivo Inglés de Ana.

Naomi (Hebreo). Forma inglesa de Noemí.

Narcisa (Griego). La que adormece. Forma masculina: Narciso.

Natacha. Variante de Natalia.

Natalia (Latino). La que nació en Navidades. Forma masculina: Natalio.

Natalí .Variante de Natalia.

Natasha. Variante de Natalia.

Natividad (Latino). El nacimiento.

Nayla (Árabe). La de ojos grandes.

Nazarena (Hebreo). De Nazaret. Forma masculina: Nazareno.

Nazaret (Hebreo). El brote florido. Ciudad del norte de Israel, residencia de la Sagrada Familia. Forma masculina: Nazaret. *Este nombre debe estar acompañado por otro nombre para indicar con claridad el sexo de la persona.*

Neftalí (Hebreo). La que lucha y sale victoriosa. Forma masculina: Neftalí. *Este nombre debe estar acompañado por otro nombre para indicar con claridad el sexo de la persona.*

Nélida. Variante de Eleonora.

Nelly. Variante de Eleonora.

Nemesia (Griego). La mujer justa. Forma masculina: Nemesio.

Nerea (Griego). La que manda en el mar. Forma masculina: Nereo.

Nerina (Latino). En la mitología griega, una de las nereidas: ninfa de los mares interiores.

Nicole. Variante francesa de Nicolás. La que lleva el pueblo a la victoria.

Nidia (Latino). La que tiene dulzura.

Nieves (Latino). Remite a una Advocación de la Virgen.

Nilda (Germano). Abreviación de Brunilda.

Nina. Variante de Ana.

Noel. Variante de Natalia.

Noelia. Variante de Noel y éste a su vez de Natalia.

Noemí (Hebreo). Mi encanto.

Nora. Derivado de Eleonora.

Norberta (Germano). La luz que viene del Norte. Forma masculina: Norberto.

Norma (Latíno). La que da reglas.

Nuncia (Latino). La que enuncia.

Nuria (Latino). Advocación de la Virgen en Gerona.

Nydia. Variante gráfica de Nidia.

Obdulia (Latino). La sierva de Dios.

Octavia (Latino). La que es octava en el orden familiar. Forma masculina: Octavio.

Oda (Germano). La señora poderosa. Forma masculina: Odo.

Odila (Germano). La que es dueña de cuantiosos bienes.

Odilia. Variante de Otilia y éste a su vez de Odila.

Ofelia (Griego). La caritativa.

Olalia. Variante catalana de Eulalia.

Olaya (Ruso). Variante gráfica de Olalla y éste a su vez de Eulalia.

Olga (Ruso). La sublime.

Olimpia (Griego). La que vive en el Olimpo, monte de Grecia donde la mitología situaba la morada de los dioses.

Olinda (Germano). La protectora de la propiedad. Forma masculina: Olindo.

Olivia (Latino). La protectora de la paz.

Ondina (Latino). La doncella de las ondas.

Orfilia (Germano). La mujer lobo.

Oria (Latino). La que es valiosa como el oro.

Oriana. Combinación de Oria (la que es valiosa como el oro) y Ana (la llena de gracia).

Ornelia (Latino). La que es como el fresno florido.

Ovidia (Latino). La que cuida las ovejas. Forma masculina: Ovidio.

Paciencia (Latino). La tolerante.

Paine (Mapuche). Celeste.

Paladia (Griego). La protegida por Palas Atenea, diosa griega de la sabiduría.

Palma (Latino). La palmera y la victoria.

Palmira (Latino). La que habita en la ciudad de las palmas.

Paloma (Latino). El pichón salvaje. Símbolo de paz.

Pamela (Griego). La que es toda dulzura.

Pancracia (Griego). La que tiene todo el poder. Forma masculina: Pancracio.

Pandora (Griego). La que tiene todos los dones.

Pánfila (Griego). La que es querida por todos. Forma masculina: Pánfilo.

Paola. Variante italiana de Paula.

Pascua (Hebreo). El sacrificio que se ofrece por el pueblo.

Pastora (Latino). La que apacienta a sus ovejas. Forma masculina: Pastor.

Patricia (Latino). La de noble estirpe. Forma masculina: Patricio.

Paula (Latino). La de pequeña estatura. Formas masculinas: Pablo, Paulo.

Paulina. Diminutivo de Paula.

Paz (Latino). La tranquilidad, el ocio y el sosiego. Forma masculina: Paz.

Penélope (Griego). Esposa de Ulises, célebre por su paciencia y talento.

Perla (Germano). La preciosa, la exquisita.

Petra (Latino). La que es sólida y firme como una roca. Forma masculina: Pedro.

Petrona. Variante de Petra.

Pía (Latino). La piadosa y mística. Forma masculina: Pío.

Piedad. Variante de Pía.

Pilar (Español). Advocación dada a la Virgen en Zaragoza.

Pilmayquén (Mapuche). Golondrina.

Piro (Mapuche). Nieves.

Piuque (Mapuche). Corazón.

Polidora (Griego). La que otorga dones.

Polimnia (Griego). La que canta himnos.

Polixena (Griego). La hospitalaria.

Popea (Griego). La madre venerable.

Presentación. Nombre místico que evoca la presentación de la Virgen María en el templo.

Primavera (Latino). La de pleno vigor.

Primitiva (Latino). La primera.

Prisca (Latino). La antigua, de otra época.

Priscila. Variante de Prisca.

Prudencia (Latino). La que obra con recato y conocimiento de las causas. Forma masculina: Prudencio.

Pura (Latino). La que no tiene mancha.

Purificación. Derivado de Pura.

Querina (Árabe). La generosa.

Querubina (Hebreo). La que es como un becerro alado y fuerte. Forma masculina: Querubín.

Quillén (Mapuche). La lágrima. Es también nombre masculino.

Quintruy (Mapuche). Mujer líder.

Quionia (Griego). La que es fecunda.

Rafaela (Hebreo). La medicina de Dios. Forma masculina: Rafael.

Ramona (Germano). La que sabe dar buenos consejos y protege. Forma masculina: Ramón.

Raquel (Hebreo). La oveja de Dios.

Rayén (Mapuche). La flor.

Rebeca (Hebreo). La de belleza encantadora.

Regina (Latino). La reina poderosa.

Reina. Variante de Regina.

Remedios (Latino). La que sana y alivia los males y problemas.

Renata (Latino). La que vuelve a nacer a la gracia de Dios. Forma masculina: Renato.

Renée. Forma francesa de Renata. Forma masculina: René.

Reyes. Nombre femenino que alude a la adoración de los Reyes Magos. *Este nombre debe estar acompañado por otro nombre para indicar con claridad el sexo de la persona.*

Ricarda (Germano). La que es muy poderosa. Forma masculina: Ricardo.

Rina (Germano). La que posee poder divino.

Rita. Diminutivo de Margarita.

Roberta (Germano). La que brilla por su fama. Forma masculina: Roberto.

Rocío (Latino). La cubierta por el rocío. Advocación de la Virgen María.

Romana (Latino). La que habita en Roma. Forma masculina: Román.

Romilda (Germano). La heroína cubierta de gloria. Forma masculina: Romildo.

Romina (Árabe). La que habita en la tierra de los cristianos.

Rosa (Latino). La que es bella como una rosa.

Rosa de Lima. Advocación de la santa patrona del Perú.

Rosalba (Latino). La rosa blanca.

Rosalía. Combinación de Rosa y Lía.

Rosamunda (Germano). La protectora de los caballos.

Rosana. Combinación de Rosa (la que es bella como una rosa) y Ana (la llena de gracia).

Rosario (Latino). La guirnalda de rosas. Forma masculina: Rosario. *Este nombre debe estar acompañado por otro nombre para indicar con claridad el sexo de la persona*.

Rosaura (Latino). La rosa de oro.

Rosenda (Germano). La excelente señora. Forma masculina: Rosendo.

Rosina. Diminutivo de Rosa.

Roxana (Persa). El alba.

Rubina (Latino). La bella como un rubí.

Rut. Variante de Ruth.

Ruth (Hebreo). La fiel compañera.

Saba (Hebreo). La convertida. Forma masculina: Sabás.

Sabina (Latino). La que vino de Sabina, antigua región de Italia. Forma masculina: Sabino.

Sabrina (Anglosajón). La que habita en Severn, Gran Bretaña.

Safira (Hebreo). Bella como un zafiro.

Safo (Latino). La que ve con claridad.

Salomé (Hebreo). La princesa pacífica.

Salvadora (Latino). La que redime a los hombres. Forma masculina: Salvador.

Saivina (Latino). La que goza de buena salud. Forma masculina: Salvino.

Sandra. Variante italiana de Alejandra. Forma masculina: Sandro.

Santina (Latino) La que es sagrada e íntegra. Forma masculina: Santino.

Santos (Latino). Sagrado e íntegro. Forma masculina: Santos. *Este nombre debe estar acompañado por otro nombre para indicar con claridad el sexo de la persona.*

Saqui (Mapuche). Alma bondadosa.

Sara (Hebreo). La princesa.

Sayén (Mapuche). Mujer dulce y de corazón abierto.

Sebastiana (Griego). La que es digna de veneración. Forma masculina: Sebastián.

Segismunda (Germano). La protectora victoriosa. Forma masculina: Segismundo.

Segunda (Latino). Segunda en el orden familiar. Forma masculina: Segundo.

Selene (Griego). La que es hermosa como la Luna.

Selma (Árabe). La que tiene paz.

Selva (Latino). La que nació en la selva.

Semíramis (Asirio). La amorosa como las palomas.

Serafina (Hebreo). El ángel flamígero. Forma masculina: Serafín.

Serena (Latino). La que es clara y pura.

Sergia (Latino). La que protege y custodia. Forma masculina: Sergio.

Servanda (Latino). La que debe ser salvada y protegida. Forma masculina: Servando.

Shaiel (Hebreo). El regalo de Dios.

Sharon (Hebreo). Llanura de Israel famosa por su fertilidad en los tiempos bíblicos.

Sheila (Irlandés). Deriva de Sile, forma irlandesa de Celia: la que vive en el cielo.

Sibila (Griego). La que profetiza. Nombre de algunas mujeres que en Grecia y Roma consultaban a los dioses y trasmitían oráculos. Es famosa la Sibila de Cumas.

Sigrid (Germano). La que aconseja para obtener la victoria.

Silvana (Latino). La que nació en la selva. Forma masculina: Silvano.

Silvia. Variante de Silvana. Forma masculina: Silvio.

Silvina. Variante de Silvana. Forma masculina: Silvino.

Simona (Hebreo). La que me ha escuchado. Forma masculina: Simón.

Sinforosa (Latino). La que está llena de desdichas. Forma masculina: Sinforoso.

Sión (Hebreo). La alta montaña. Nombre dado antiguamente a la colina donde está situada Jerusalén. Por extensión, la misma ciudad. Forma masculina: Sión. *Este nombre debe estar acompañado por otro nombre para indicar con claridad el sexo de la persona.*

Sira (Latino). La que vino de Siria. Forma masculina: Siro.

Siria. Variante de Sira.

Socorro (Latino). La que está pronta a ayudar.

Sofía (Griego). La que tiene sabiduría.

Sol (Latino). La que tiene una fe luminosa. Forma masculina: Sol. *Este nombre debe estar acompañado por otro nombre para indicar con claridad el sexo de la persona.*

Solana (Latino). La que es como el viento del Este. Forma masculina: Solano.

Solange (Latino). La consagrada solemnemente.

Soledad (Latino). La que ama estar sola.

Sonia. Variante eslava de Sofía.

Soraya. Variante de Zoraida.

Stefanía. Variante de Estefanía.

Stella Maris (Latino). La estrella de mar.

Stephanie. Variante de Estefanía.

Sultana (Árabe). La señora absoluta.

Susana (Hebreo). La que es bella como una azucena.

Suyay (Quechua). La esperanza.

Tabita (Hebreo). Frágil como una gacela.

Taciana (Latino). Versión femenina de Taciano y éste a su vez variante de Tacio: el que calla.

Tais (Griego). La que es muy hermosa.

Tali. Variante de Talía.

Talía (Griego). La que es fecunda y floreciente.

Tamar (Hebreo). La que es como una palmera.

Tamara. Variante de Tamar.

Tania (Eslavo). La reina de las hadas.

Tara (Celta). La torre.

Tarsicia (Latino). La que nació en la antigua ciudad de Tarso, actualmente en territorio de Turquía. Forma masculina: Tarsicio.

Tatiana. Variante rusa de Taciana y éste a su vez versión femenina de Taciano, variante de Tacio.

Tea. Abreviación de Dorotea.

Telma (Griego). La que es amable con sus semejantes. Forma masculina: Telmo.

Temis (Griego). La que establece el orden y la justicia.

Teodelina. Variante de Teodolina y éste a su vez de Teodolinda.

Teodolina. Variante de Teodolinda.

Teodolinda (Germano). La que es amable con su gente.

Teodomira (Germano). La que es célebre en su pueblo. Forma masculina: Teodomiro.

Teodora (Griego). El regalo de Dios. Forma masculina: Teodoro.

Teodosia (Griego). La que ha sido dada como un regalo de Dios. Forma masculina: Teodosio.

Teofanía (Griego). La manifestación de Dios.

Teolinda. Variante de Teodolinda.

Teresa (Griego). La cazadora.

Teresita. Diminutivo de Teresa.

Tesira (Griego). La fundadora.

Thelma. Variante de Telma.

Ticiana (Latino). La valiente defensora. Forma masculina: Ticiano.

Tomasa (Hebreo). La gemela. Forma masculina: Tomás

Toscana (Latino). La que nació en Etruria.

Tránsito (Latino). La que pasa a otra vida.

Trinidad (Latino). Nombre místico evocador de la Trinidad cristiana.

Tristana (Latino). La que lleva su tristeza con dignidad. Forma masculina: Tristán.

Troya (Latino). La que ofende.

Tulia (Latino). La que levanta el ánimo. Forma masculina: Tulio.

Turquesa. Simboliza este color.

Urania (Griego). Como el firmamento.

Ursina (Latino). La pequeña osa.

Úrsula (Latino). La que es como una pequeña osa.

Ursulina. Diminutivo de Úrsula.

Valentina (Latino). La que es vital y robusta. Forma masculina: Valentín.

Valeria (Latino). Variante de Valentina. Forma masculina: Valerio.

Valquiria. Variante de Walkiria.

Vanda (Germano). La que protege a los extranjeros.

Vanesa o **Vanessa** (Inglés). Nombre creado por el escritor irlandés Jonathan Swift (1667-1745) para su obra póstuma, uniendo el apellido y nombre de la destinataria.

Vanina. Diminutivo de la forma italiana de Juana.
Velia (Latino). Antiguo nombre para especificar lugares elevados.
Venus (Latino). Diosa de la belleza y del amor en la mitología romana.
Vera (Ruso). Fe.
Verna (Latino). La que nació en primavera.
Verónica (Griego). La que alcanza con su presencia la victoria.
Vesta (Griego). La que mantiene el fuego sagrado.
Vicenta (Latino). La que ha vencido. Forma masculina: Vicente.
Victoria (Latino). La que ha conseguido la victoria. Forma masculina: Víctor.
Vilma. Variante de Guillermina.
Violeta (Latino). La que es modesta.
Virginia (Latino). La que es pura como una doncella.
Vital (Latino). La que es fuerte y lozana. Forma masculina: Vital
Vitalia. Variante de Vital.
Vivian (Celta). La pequeña.
Viviana. Variante de Vivian. Forma masculina: Viviano
Vivina. Variante de Vivian.

Walkiria (Escandinavo). Protectora en el combate.
Walkyria. Variante de Walquiria.
Wanda. Variante de Vanda.
Wilfrida (Germano). La amiga de la paz.
Wilma. Variante de Guillermina.

Xenia (Griego). La hospitalaria.
Ximena. Variante de Jimena.

Y

Yael . Variante de Jael.
Yanet. Variante de Jeannette, diminutivo francés de Juana.
Yanina. Variante de Giannina, diminutivo italiano de Juana.
Yara (Tupí). La señora.
Yasmín. Variante de Jazmín.
Yolanda (Latino). La que causa regocijo.
Yvonne (Germano). La arquera.

Z

Zahira (Árabe). La que es como un hermoso regalo.
Zaida (Árabe). La señora que caza.
Zaira (Árabe). La llena de flores.
Zelma. Variante de Selma.
Zelmira. Variante de Celmira.
Zenaida (Griego). La consagrada a Dios.
Zita (Persa). La que se mantiene virgen.
Zoé (Griego). La llena de vida. Nombre de Eva.
Zoila. Variante de Zoé.
Zoraida (Árabe). La que es elocuente.
Zuleica (Árabe). La mujer hermosa y rolliza.
Zulema. Variante de Zulma.
Zulima. Variante de Zulma.
Zulma (Árabe). La que es sana y vigorosa.
Zulmara Variante de Zulma.